새 / 벽 / 기 / 도 / 회

말씀으로 빛나는 오늘

부제 : 365 새벽기도 묵상, 날마다 QT하는 장로

글쓴 이 **권오성** 장로
캘리 **이준호** 안수집사

영원한 것을 위하여

영원하지 않은

나의 시간, 물질,

내가 가진 모든 것을

주를 위하여

쓰임 받게 하시옵소서

삶이 곧 예배라

곧 손이 깨끗하며 마음이 청결하며
뜻을 허탄한 데에 두지 아니하며
거짓 맹세하지 아니하는 자로다
<시편 24편 1~6절>

삶의 일부가 예배가 아니라
일상생활이 예배이므로
뭇 사람들로부터 온전히
그리스도의 향기가 묻어나는
구별된 삶을 살 것이며
청결하고 온전하며
주님이 기뻐하시는 삶을
살아가야 함이라

새벽기도회를 나가는 것은
일주일을 주일 성수한 것으로
족한 것이 아니라
하루의 첫 시간을 예배드림으로
매일 매일을 언제 어느 곳에서든지
무슨 일을 할 때에도 하나님을 위하여
먹고 마시고 행하는 그리스도인의 생활이
참 신앙임이라

하나님 감사합니다
오늘도 저의 모든 소유이신
주 여호와 하나님을
내가 경외하고 찬송하며,
말씀을 통하여 깨닫게 하시고
깊은 묵상으로 변화되는 삶을 살게 하신
주님께 감사드립니다
주님 사랑합니다
우리 주 예수 그리스도의 이름으로
기도하옵나이다 아멘

너는 물 댄 동산 같겠고 물이 끊어지지 아니하는 샘 같으리로다

추천의 글

기도와 말씀의 사람, 충성의 일꾼

양평동교회 위임목사 **김경우**

장로 장립의 때를 맞춰 10년 동안 새벽기도 묵상을 편집하여 '말씀으로 빛나는 오늘' 책을 출판하게 되어 성도님들과 함께 기뻐하고 진심으로 축하합니다.

과거 한경직 목사님이 은퇴 후 남한산성에 계실 때 한 무리의 후배 목회자들이 찾아가 여쭸습니다. "목사님, 어떻게 하면 목사님처럼 목회할 수 있습니까?" 그때 한경직 목사님이 대답했습니다. "기도하고 말씀대로 사는 거지요"

누구 못지않게 바쁜 일상을 살아 내면서도 하루도 빠지지 않고 새벽기도의 자리를 지키셨고, 또한 매일 강단의 말씀을 묵상하여 영혼의 양식으로 차곡차곡 채워 나가는 모습을 하나님이 기쁘게 열납하셨으리라 확신합니다.

제가 양평동교회에서 사역한 지 7년 동안 권오성 장로님은 중보기도정병단의 앞선 리더로, 전도대의 부장 등으로 항상 열정과 충성으로 교회를 섬겨 주셨습니다.

작은 일에 충성한 종에게 큰 것을 맡기시듯, 하나님께서 권오성 장로님을 통해 더 크고 귀한 일들을 이루어 가실 것을 기대합니다. 10년의 기도와 말씀의 묵상이 이렇게 책으로 모아졌듯이, 앞날도 더 귀한 충성과 감사의 고백으로 가득하시리라 확신합니다.

추천의 글

말씀은 우리 영혼의 안식처
기도는 우리 영혼의 호흡

양평동교회 원로목사 **김 규**

먼저 권오성 피택 장로님이 10여 년 동안 새벽기도회에 열심히 참석하면서 기도에도 힘쓰고 또한 새벽기도 시간에 선포된 말씀을 깊이 묵상하면서 얻은 영감과 지혜와 성경적 지식을 이번에 '365일 새벽기도회 QT 묵상'이라는 책으로 출간하게 된 것을 진심으로 기뻐하며 감사하며 축하드립니다.

사실 성경 말씀은 우리 영혼의 양식이요 또한 기도는 우리 영혼의 호흡이기 때문에 매우 중요한 것입니다. 우리가 양식을 먹지 않고 잘 살 수 없고 우리가 호흡을 멈추면 곧 죽게 되는 것입니다. 이 만큼 성경 말씀과 기도는 우리의 삶에 있어서 가장 중요한 두 가지 요소입니다.

그래서 옛날 초대 교회의 지도자였던 사도들도 우리는 무엇보다도 성경 말씀을 읽고 듣고 묵상하고 실천하기에 힘쓸 것이며 또한 기도에 힘쓰겠다고 공언한 것입니다.

아모쪼록 이 책을 많은 사람들이 읽고 깨닫고 감동을 받고 지혜를 얻기 바라며 또한 기도 생활에 더욱 힘써 삼위일체 하나님과 동행하며 닮아가는 은혜가 넘치기를 바랍니다.
감사합니다.

추천의 글

교회와 세상과 다음세대에
선한 영향력이 되길……

변호사 **박찬종**

서초동 로펌에서 십 수 년을 함께 한 권동지가 이제 늦깎기 장로가 되어 놀랍고 법률전문가가 신앙심이 두터운 사람이 드문데 성실과 말씀에 대한 사모함이 없이 그냥 되는 것이 아니기에 지금까지의 견고한 믿음이 진정으로 교회와 세상과 다음세대에 선한 영향력이 되기를 바라면서 진심으로 축하드립니다.

하나님 말씀을 깊이 알아가는 각고의 노력과 의지가 없이 될 수 없는 중직자로 장립하게 됨은 전적인 하나님의 은혜로 된 것을 그대가 장로 장립 이후에도 아무쪼록 초심을 잃지 말기를 당부합니다.

무엇보다도 장로 장립을 기념하여 새벽기도회 말씀을 노트하고 이를 다시 묵상하기를 10년의 세월을 꾸준히 새벽마다 설교 말씀의 교훈과 하나님을 찬양하고 경외하며 기도한 묵상집을 출간한 그대를 높이 치하합니다.

여러 부침 가운데 믿음의 역사와 사랑의 수고 그리고 소망의 인내를 잘하여 장로 장립을 하게 되었을 터인데 다시 이를 기념하여 책을 출간하는 그대에게 아낌없는 축하와 박수를 보냅니다.

이후에도 변함없는 지도자로서 다음세대를 잘 가르치고 양육하고 영혼 구원의 전도와 선교에 힘써 기독교계의 한 획을 긋는 하나님의 일꾼으로 하나님이 주신 사명을 꼭 이루어 사람들에게는 물론 하나님이 착하고 충성된 종이라 인정하는 장로가 되기를 간절히 바랍니다.

헌정 감사의 기도

더 큰 사명으로
귀한 직분 감당하는
충성된 종이 되게 하시옵소서

"항상 기뻐하라 쉬지 말고 기도하라 범사에 감사하라 이는 그리스도 예수 안에서 너희를 향하신 하나님의 뜻이니라"

존귀하신 하나님 아버지, 여기 하나님께 예배드림으로 말씀과 기도로 지나온 시간들을 정리하여 글로써 한 권의 책으로 출간하는 권오성 장로에게 은혜를 더하여 주시옵소서.

우리의 연약함을 아시는 주님께서 날마다 새벽을 깨우며 주님께 나아와 간구하며 응답받고, 감사함으로 하나님께 영광 돌리는 시간들이었음을 고백하며 기록하여 온 권오성 장로를 하나님의 능력의 장중에 붙들어 주시옵소서.

하나님만을 의지하여 간구해 온 시간 시간들이 은혜요, 감사요, 사랑의 여정이 되었음을 고백합니다. 그 사랑의 여정을 통하여 더욱 성숙된 그리스도인이 되어 교회의 각 기관마다 헌신의 결실로 나타나 교회의 부흥과 복음 사역에 힘을 다하여 섬기는 종에게 성령의 충만함과 건강의 복과 지혜를 더하여 주시옵소서.

광야 같은 세상을 살면서 땅에 있는 것에 마음 빼앗겨 사는 사람들에게는 귀한 체험과 간증의 책이 되어 하늘의 신령한 것도 바라볼 수 있는 믿음과

양평동교회 장로 **윤우병**

귀한 체험과 간증의 책이 되어 하늘의 신령한 것도 바라볼 수 있는 믿음과 지혜로 이끌어내는 길을 소개하는 책이 되게 하시고 많은 사람들을 예수의 이름 앞으로 인도하는 길잡이가 되는 책이 되게 하시옵소서.

사랑의 불꽃 운동인 사랑의 동산을 경험하고 난 후 헌신하며 섬기고 특별히 복음 전파에 남다른 열정과 성실함을 주셔서 양평동교회의 전도사역에 앞장선 권 장로에게 함께 하시고 복을 더하시며 이제 때가 되어 장로로 세움 받아 더 큰 사명으로 귀한 직분 감당하는 충성된 종이 되게 하시옵소서.

교회의 여러 일들을 감당할 때 겸손과 낮아짐으로 헌신하게 하시고 주장하는 자로서가 아닌 존중하며 소통하는 일에 앞장서는 종이 되게 하시옵소서. 가정에 복을 더하시고, 그 헌신이 축복의 통로가 되게 하시옵소서. 자녀들에게도 건강 주시고 지혜와 명철을 주사 어디를 가든지 빛의 자녀로 살게 하시고 믿음의 유산을 이어받아 대대손손 믿음의 명문 가정이 되게 하시옵소서.

권오성 장로의 신앙의 여정을 축복하사 하나님께 늘 영광 돌리는 장로가 되게 하시옵기를 우리의 영원한 구원자 되시는 예수님 이름으로 축복하며 기도하옵나이다. 아멘.

작가의 글

영원한 것을 위하여 영원하지 않은
나의 시간, 물질, 내가 가진 모든 것을
주를 위하여 쓰임 받게 하시옵소서

2013. 3. 언더우드선교사가 양평동교회를 설립한 1907년으로부터 105주년을 기념하여 교회에서 105일 특별새벽기도회를 시작하여 완주하고 '어제와 다른 오늘'이라는 묵상집을 출간하였습니다. 그리고 다시 10여 년이 지난 오늘 365일 새벽기도회를 나가고 매일 QT묵상을 하여 10년 동안 핸드폰에 내장된 기록을 편집하여 '365 새/벽/기/도/회 말씀으로 빛나는 오늘'을 출간하게 되었습니다.

2022. 10. 14(금) 05:00 오늘 말씀은 고린도후서 4:16~18 '겉사람과 속사람'에 관한 말씀을 묵상할 때의 일입니다.

그날의 QT 묵상은 이렇게 시작합니다.

사도 바울은 우리가 사방으로 우겨쌈을 당하여도 낙심하지 않는 것은 우리의 겉사람은 낡아지나 속사람은 날로 새로워지고 하나님의 영광 중에 거하여 영원한 생명의 면류관을 얻는 것임을 교훈합니다.

잠시 겪는 환난보다 지극히 크고 영원한 하나님의 영광을 이루게 하시는 하나님을 찬양합니다.

보이는 것은 잠깐이요 보이지 않는 것은 영원한 것으로 우리를 향한 하나

저자 **권오성** 장로

님의 은혜와 사랑으로 우리를 인도하시는 하나님을 경외합니다.

새벽 레마의 말씀으로 아우카족을 전도하기 위하여 순교한 29세의 청년 짐 엘리엇이 남긴 '영원한 것을 위하여 영원하지 않은 것을 버리는 것은 바보가 아니다'라고 한 '전능자의 그늘'과 같은 삶을 다시 생각나게 하시니 무한 감사합니다.

영원한 것을 위하여 영원하지 않은 나의 시간, 물질, 내가 가진 모든 것, 달란트를 주를 위하여 쓰임 받는 삶을 살게 하시옵소서.

라고 QT를 하였는데

제 머릿 속에 하루종일 '전능자의 그늘'과 짐 엘리엇이 떠나질 않아 그 날은 퇴근을 서둘러 하고 교보문고에 들려 '전능자의 그늘' 책을 사서 밤을 새워 그 책을 읽어내려 갔습니다. 그리고 순교 신앙에 대하여 철저하게 깨닫게 되었습니다.

이 시기에 청년부 부장을 맡고 있었고 코로나19가 심했던 시기여서 어떻게 청년들에게 짐 엘리엇의 일생을 다큐멘터리로 엮은 책을 보게 할 수 없을까 하여 책 2권을 사서 한 권은 청년부실에 또 한 권은 책을 읽을 만한 청년을 지목하여 전달하며 꼭 읽을 것을 권했습니다.

나중에 안 사실이지만 옥한흠 목사님도 이 책을 읽고 감동 받아 목회에도 큰 영향을 받으시고 짐 엘리엇과 같은 청년을 소개하는 설교를 통하여 2천 년 전 예수의 삶을 닮고자 순교한 짐 엘리엇과 같은 청년을 생각할 때 우리 모두는 평안한 삶 가운데 그저 그런 삶이 아닌가 하고 강변하며 우리 모두가 깨우치기를 역설하시는 설교를 듣게 되어 청년부 부장으로서 짐 엘리엇의 일화를 어떻게 청년들에게 전해야하는 고민을 계속하게 되었습니다.

고민 끝에 책은 전파성이 약하니까 짐 엘리엇의 '전능자의 그늘'을 영화로 나온 것(영화'창 끝')을 유튜브에서 찾아 청년들과 공유하고 날을 정해 청년들에게 공지하고 영화 시사회를 하게 되었습니다.

이 때의 심정은 한 사람이라도 영화 시사회에 참여한다면 빙수에 다과를 곁들여 최고의 고객으로 모시겠다는 각오(?)도 했습니다. 다행인 것은 저의 기도와 바램에 부응하듯 COVID19가 한참일 때인데도 20명이 넘는 인원이 청년부실에 모여 영화 '창 끝' 시청을 하기에 이르렀습니다.

영화가 3시간짜리여서 굵직한 줄거리만 편집하고 제가 설명을 곁들여 40분 만에 시사회를 마쳤는데 이 자리에 함께 한 청년들은 다행히 짐 엘리엇의 순교 정신을 알게 되고 깨우침이 있었으리라는 확신을 가질 만큼 청년들의 호응이 좋았던 것 같습니다.

여기서 끝나지 않고 영등포성서신학원 종강 기념 특강으로 다시 짐 엘리엇의 전능자의 그늘 즉 '땅 끝'이라는 영화를 함께 보는 자리를 만들어 시사회 후 신학원 원우들의 좋은 호응을 이끌어 내기도 하였습니다.

제가 이렇게 짐 엘리엇의 전능자의 그늘이 새벽기도회에서 소개되고 이를 책으로 보기까지 그리고 다시 청년부와 신학원 원우들과 이 짐 엘리엇의 이야기를 공유하고 싶었던 것 또한 새벽기도회에서 말씀을 통하여 얻은 레마의 말씀을 듣고 새벽이슬과 같은 하나님의 은혜를 경험했기 때문에 가능했으므로 새벽기도회의 유익과 필요에 대하여 공감하기를 바라므로 이 QT집을 세상에 내놓게 된 것입니다.

이 책은 매일 새벽을 여는 새벽기도회의 말씀을 편집하여 출간한 것입니다. 새벽기도로 하루를 시작하는 일상을 계속하는 것이 쉬운 일은 아니겠지만 늘 짐 엘리엇과 같은 새벽 레마의 말씀 속 청년의 이야기처럼 숨은 보화를 캐는 설렘과 기대 속에 매일 계속되는 QT 가운데 하나님의 은혜와 능력을 체험하는 것입니다. 말씀 QT하는 가운데 내 삶 속에 살아 역사하시는 하나님을 경험하고 하나님이 이끄시는 삶을 사는 것임을 확신하게 됩니다.

새벽기도회의 말씀은 제게 있어 하나님을 깊이 알아가고 사랑하는 마중물이기에 하루도 멈출 수 없는 것입니다. 새벽기도회의 말씀 QT는 제가 하루를 시작하기 전 하나님을 만나는 시간이며 매일 새벽에 주시는 빛으로 생명과 같은 하나님의 은혜를 만나는 기적을 꿈꾸는 시간인 것입니다.

새벽기도회 QT는 누군가에겐 일상을 넘어 특별하고 쉽지 않은 도전이지만 어제도 오늘도 내일도 새벽기도를 함께 하는 성도님께는 크로노스의 시간(일상적인 삶) 가운데 하루의 첫 시간을 깨워 새벽에 카이로스의 시간(하나님의 시간)을 경험하는 마중물이 되는 것입니다.

따라서 내일도 설레는 마음으로 새벽기도회를 나가게 되고 말씀을 기대하고 기다려지는 것입니다 새벽기도회 말씀을 통하여 늘 새로워지고 새벽마다 하나님을 만나고 날마다 내가 죽는 삶을 허락하신 살아 역사하시는 하나님께 영광과 존귀와 감사를 드립니다. 할렐루야!

끝으로, 장로 임직의 때를 맞춰 바쁘신 가운데에도 켈리(이준호 안수집사)와 편집(이종수 안수집사)으로 동역하시며 며칠 밤을 새워 헌신하신 두 분 안수집사님의 노고에 마음 속 깊이 감사드리며 출판 후 이 책의 판매액 전액은 선교와 전도 후원금으로 쓰여집니다. 감사합니다.

차 례

추천의 글 양평동교회 김경우 위임목사 / 11
추천의 글 양평동교회 김 규 원로목사 / 13
추천의 글 박찬종 변호사 / 15
헌정 감사의 기도 양평동교회 윤우병 장로 / 16
작가의 글 권오성 장로 / 18

제1장 믿음

믿음은 바라는 것들의 실상이요 보이지 않는 것들의 증거니
선진들이 이로써 증거를 얻었느니라 <히브리서 11:1~2>

출애굽기 19:16~25 '시내산에 강림하신 하나님' / 35
출애굽기 21:28~36 '공의와 공평의 하나님' / 36
로마서 2:1~16 '하나님의 의를 따르라' / 37
요한일서 3:19~24 '양심과 기도' / 38
요한일서 4:1~6 '영 분별' / 39
사무엘상 2:12~21 '엘리 제사장의 두 아들(홉니와 비느하스)' / 40
요한일서 4:12~21 '사랑 안에 두려움이 없고' / 41
시편 12:1~8 '악인의 입술과 의인의 승리' / 42
고린도전서 1:1~9 '고린도에 있는 교인들에게 보낸 편지' / 43
사무엘상 3:1~14 '사무엘을 부르시는 하나님' / 44
고린도전서 6:12~20 '주와 합하는 자는 한 영' / 45
요한복음 8:12~20 '나는 세상의 빛이라' / 46
고린도전서 7:1~7 '부부와 음행' / 47
로마서 5:1~11 '믿음의 결과' / 48
고린도전서 7:17~24 '부르심을 받은 대로' / 49

고리도전서 9:15~27 '복음을 전하는 자의 상과 절제' / 50
로마서 6:1~11 '죄는 죽고 의에 살다' / 51
사도행전 14:8~18 '루스드라의 기적' / 52
고린도전서 12:1~11 '성령의 은사' / 53
요한복음 12:1~8 '향유옥합을 깨뜨려' / 54
사무엘상 9:11~24 '사무엘과 사울의 만남' / 55
요한복음 13:1~11 '제자들의 발을 씻으시다' / 56
요한복음 13:31~35 '새 계명- 서로 사랑하라' / 57
로마서 9:1~13 '하나님의 소원을 품는 자' / 58
사무엘상 11:12~15 '사울을 왕으로 세움' / 59
고린도전서 13:1~5 '사랑은 악한 것을 생각치 않습니다' / 60
데살로니가전서 5:16~18 '우리를 향한 하나님의 뜻' / 61
로마서 9:14~18 '하나님의 선택, 그 은혜' / 62
요한복음 17:9~17 '제자들을 위한 예수님의 기도' / 63
고린도전서 15:1~11 '부활-하나님의 은혜' / 64
고린도전서 15:20~34 '부활의 첫 열매' / 65

제2장 소망

소망 중에 즐거워하며 환난 중에 참으며
기도에 항상 힘쓰며 <로마서 12:12>

갈라디아서 4:8~20 '다시 복음으로' / 71
마태복음 1:18~25 '선물을 볼 수 있는 눈' / 72
고린도전서 16:13~24 '깨어 굳게 서서 남자답게 강건하라' / 73
고린도후서 2:1~11 '근심하게 한 사람을 용서하라' / 74
요한복음 18:15~27 '그럼에도 불구하고 우리를 사용하시는 하나님' / 75
고린도후서 3:1~18 '그리스도의 편지' / 76
로마서 11:13~24 '감람나무로 접붙임한 교회의 참모습' / 77
고린도후서 4:16~18 '겉사람과 속사람' / 78

요한복음 19:23~30 '다 이루었다' / 79
고린도후서 4:16~18 '환난과 영광, 시간과 영원' / 80
고린도전서 15:1~11 '증인의 삶' / 81
시편126:1~6 '눈물을 흘리며 씨를 뿌리는 자' / 82
사도행전 9:10~19 '비상한 만남' / 83
사무엘상 15:1~9 '사울의 불순종' / 84
로마서 12:1~13 '하나님이 주신 선물-은사' / 85
사무엘상 15:10~23 '사울의 불순종에 대한 심판' / 86
고린도후서 10:12~18 '주안에서 자랑하라' / 87
로마서 12:14~21 '골수 그리스도인' / 88
고린도후서 11:16~33 '바울의 참된 자랑' / 89
요한복음 21:17~19 '나를 따르라' / 90
고린도후서 13:1~10 '믿음 안에 있는가 확정하라' / 91
고린도후서 13:11~12 '바울의 마지막 권고와 축복' / 92
로마서 13:8~14 '구원은 사랑의 완성' / 93
고린도후서 13:13 '축도-축복 선언' / 94
사무엘상 16:14~23 '번뇌하는 사울을 돕는 성령의 사람 다윗' / 95
로마서 14:13~23 '신앙의 선명한 기준' / 96
갈라디아서 2:20 '이신칭의 Justification by faith' / 97
사무엘상 17:11~27 '부르심에 합당한 삶' / 98
갈라디아서 3:15~27 '오래된 미래:언약' / 99
여호수아 1:10~18 '신실하신 하나님의 언약' / 100

제3장 사랑

소망 중에 즐거워하며 환난 중에 참으며
기도에 항상 힘쓰며 <로마서 12:12>

마태복음 2:1~12 '의인의 길' / 105
사무엘상 17:28~40 '거룩한 분노' / 106

갈라디아서 6:6~10 '심은 대로 거둔다' / 107
사도행전 1:21~22 '사도' / 108
로마서 15:14~21 '복음의 제사장 직분' / 109
여호수아 2:15~24 '붉은 줄-라합의 믿음' / 110
여호수아 2:15~24 '붉은 줄-라합의 믿음' / 111
빌레몬서 1:15~25 '하나님의 뜻을 찾고 사랑을 실천하는 사람' / 112
사사기 1:1~10 '사명자와 선봉장과 함께 하시는 하나님' / 113
사사기 1:15~21 '믿음의 분량대로 역사하시는 하나님' / 114
사사기 1:22~36 '작은 타협이 가져오는 영적 침체와 타락' / 115
사사기 2:1~10 '하나님 말씀을 저버린 다음 세대' / 116
사사기 2:11~23 '진노에서 구원으로' / 117
사사기 3:12~31 '연약한 자를 도우시는 하나님' / 118
'사사기 4:1~10 '조건 없는 순종' / 119
사사기 4:11~24 '기손강에서 하나님의 구원' / 120
출애굽기 29:10~37 '제사장의 위임식' / 121
출애굽기 29:38~46 '상번제' / 122
사사기 5:1~18 '드보라와 바락의 감사 찬송' / 123
사사기 5:19~31 '하나님의 보응과 승리의 기쁨' / 124
사사기 6:1~24 '말씀으로 깨우치시는 하나님과 사사 기드온' / 125
사사기 6:25~32 '기드온의 사명과 순종' / 126
사사기 7:1~8 '기드온의 300용사' / 127
사사기 7:9~25 '두려움 속에서도 일하시는 하나님' / 128
사사기 8:1~9 '승리한 후에' / 129
사사기 8:10~21 '복수와 권력욕을 넘지 못한 지도자' / 130
사사기 9:1~15 '아비멜렉' / 131
사사기 9:16~25 '요담이 아비멜렉과 세겜 사람들을 책망함' / 132
사사기 9:26~45 '하나님이 없는 승리' / 133
사사기 9:46~57 '심은 대로 거두게 하시는 하나님의 심판' / 134
사사기 10:1~9 '소사사 돌라와 야일' / 135

제4장 화평

화평으로 심어 의의 열매를 거두느니라
<야고보서 3:18>

사사기 10:10~18 '값싼(valueless) 은혜' / 141
로마서 14:17~18 '희락' / 142
누가복음 24:33~37 '화평(에이레네)' / 143
누가복음 13:1~9 '오래 참음(마크로뒤메이)' / 144
누가복음 10:33~37 '자비와 양선' / 145
마태복음 25:19~21 '충성(피스티스)' / 146
사사기 15:1~13 '혈과 육&영적 싸움' / 147
사사기 15:14~20 '신실하신 하나님의 약속' / 148
사사기 16:1~14 '삼손과 들릴라' / 149
사사기 16:15~22 '삼손과 들릴라' / 150
사사기 16:23~31 '삼손의 최후' / 151
사사기 17:1~13 '타락한 사사시대의 영적 실상' / 152
사사기 18:14~31 '영적 침체' / 153
사사기 21:16~25 '자기의 소견에 옳은 대로' / 154
디모데전서 1:1~11 '거짓 교훈을 경고' / 155
디모데전서 1:12~20 '감사의 이유와 선한 싸움' / 156
디모데전서 2:1~15 '중보기도의 선한 행실' / 157
디모데전서 6:1~10 '자족하는 마음이 세상 유혹을 이김' / 158
욥기 3:1~10 '고통 속의 탄식, 출생을 저주' / 159
욥기 3:11~26 '영혼의 어둔 밤' / 160
욥기 4:1~11 '고난의 미래적 의미' / 161
사도행전 1:1~11 '오직 성령이 너희에게 임하시면' / 162
사도행전 2:1~13 '성령강림' / 163
사도행전 2:14~47 '새롭게 하시는 성령님' / 164
사도행전 2:16~19 '부르심과 소명' / 165

사도행전 3:1~10 '예수 그리스도 이름의 능력' / 166
사도행전 4:23~37 '진동하는 기도' / 167
사도행전 5:1~16 '아나니아와 삽비라' / 168
사도행전 6:1~7 '일곱 일꾼을 택함' / 169
사도행전 8:1~8 '박해의 위기 속에 revival' / 170

제5장 온유

온유한 자는 복이 있나니
그들이 땅을 기업으로 받을 것임이요 <마태복음 5:5>

사도행전 9:1~9 '예수님을 만난 사울' / 175
사도행전 9:10~22 '아나니아와 사울의 만남' / 176
사도행전 9:32~43 '베드로를 통한 하나님의 뜻' / 177
사도행전 11:1~18 '교회다움' / 178
사도행전 13:1~12 '안디옥교회에 약한 자를 세우심' / 179
사도행전 13:43~52 '복음은 능력입니다' / 180
사도행전 14:1~18 '루스드라 복음전파와 이적' / 181
사도행전 15:1~11 '예루살렘 공의회(율법준수:할례)' / 182
사도행전 16:1~5 '바울이 원했던 교회의 모습' / 183
사도행전 18:1~11 '고린도 전도' / 184
사도행전 18:12~23 '길을 만드시는 하나님' / 185
사도행전 20:1~16 '유두고 사건' / 186
사도행전 20:17~38 '바울의 밀레도 고별설교' / 187
사도행전 22:1~15 '결박 당한 바울의 변론' / 188
사도행전 23:1~11 '양심을 따라 하나님을 섬김' / 189
사도행전 26:1~18 '아그립바왕 앞에서 바울의 변론' / 190
사도행전 26:19~32 '예수에 미친 사람 사도바울' / 191
마태복음 1:18~25 '예수의 나심은' / 192
사도행전 27:1~20 '바울이 로마로 압송되다' / 193

사도행전 27:21~44 '영적 권위-광풍 속에 빛나다' / 194
사도행전 28:15~22 '쇠사슬을 끊는 소망' / 195
마가복음 1:1~8 '주의 길을 준비하라' / 196
마가복음 1:7~11 '너는 내 사랑하는 아들이라 내가 너를 기뻐하노라' / 197
마태복음 4:8~11 '광야시험3-내게 절하라' / 198
누가복음 2:41~52 '주의 전에 있는 아이' / 199
누가복음 3:7~20 '변화된 삶' / 200
누가복음 4:1~15 '세 가지 시험' / 201
누가복음 4:16~30 '나사렛에서 공생애 사역 선포' / 202
누가복음 5:1~11 '어부들이 예수를 따르다' / 203
사도행전 16:6~10 '막힘과 멈춤이 카이로스의 시간' / 204
누가복음 5:27~39 '죄인을 부르심' / 205

제6장 충성

충성되고 지혜 있는 종이 되어 주인에게 그 집 사람들을 맡아
때를 따라 양식을 나눠 줄 자가 누구냐 <마태복음 24:45>

누가복음 6:1~11 '신앙의 본질' / 211
누가복음 7:1~10 '바닥집 같은 믿음' / 212
누가복음 7:11~17 '나인성 과부의 아들 소생 사건' / 213
누가복음 8:40~56 '구원을 받을 수 있는 믿음' / 214
누가복음 9:37~50 '복음을 마음에 두라' / 215
누가복음 10:1~16 '70인 제자의 파송' / 216
누가복음 11:1~13 '주기도' / 217
누가복음 11:14~28 '성령 훼방죄' / 218
누가복음 11:29~36 '악한 세대가 표적을 구하냐' / 219
누가복음 12:1~12 '핍박 앞에서' / 220
누가복음 12:22~34 '염려인가 하나님인가' / 221
누가복음 12:35~48 '종말 의식으로 깨어 준비하라' / 222

누가복음 12:49~59 '참된 화평의 주인' / 223
누가복음 13:1~9 '회개의 골든타임' / 224
누가복음 13:6~21 '복음과 율법-과원지기' / 225
누가복음 14:25~35 '제자가 되는 길' / 226
누가복음 17:20~27 '하나님 나라는 너희 안에 있다' / 227
누가복음 18:1~8 '반드시 응답하시는 하나님' / 228
누가복음 18:9~17 '뒤집지 않은 전병' / 229
누가복음 18:18~30 '부자 관원' / 230
누가복음 18:31~43 '소경 바디메오의 믿음' / 231
누가복음 19:28~40 '왕이신 주님을 붙들라' / 232
누가복음 19:41~48 '성전 정화' / 233
누가복음 20:1~8 '예수님의 권위' / 234
누가복음 20:27~40 '부활 논쟁' / 235
마태복음 5:13~16 '세상의 소금과 빛' / 236
마태복음 7:15~20 '좋은 나무, 좋은 열매' / 237
마태복음 7:24~27 '모래 위의 집 vs 반석 위의 집' / 238
마태복음 13:18~23 '씨 뿌리는 자의 비유- 마음 밭을 가꾸는 것이 은혜' / 239
마태복음 11:15~19 '장터의 아이들' / 240

1장 믿음

믿음은
바라는 것들의 실상이요
보이지 않는 것들의 증거니
선진들이 이로써 증거를 얻었느니라
<히브리서 11:1~2>

두려워하지 말라
내가 너와 함께 함이라

1-1. 오늘 말씀은 출애굽기 19:16~25
'시내산에 강림하신 하나님'에 관한 말씀입니다

셋째 날 시내산 위에 우뢰와 번개와 빽빽한 구름이 있고 연기가 자욱하며 불 가운데 하나님이 강림하십니다. 모세가 백성들에게 전하는 말을 믿게 하기 위하여 하나님이 약속(19:11)하신 말씀이 성취되어 하나님이 강림하심의 교훈입니다.

하나님이 선택하신 이스라엘 백성을 사랑하셔서 함께 하시는 임마누엘 하나님을 찬양합니다. 광야에서 구름기둥과 불기둥으로 하나님의 임재를 증거하시고 만나와 메추라기로 하나님이 함께 하심을 확증하시니 감사합니다. 예수님의 십자가 죽으심으로 성막의 휘장을 찢으시고 복음의 진리로 우리를 구원하신 하나님께 존귀와 영광을 드립니다.

우리가 말씀과 함께 기도와 찬양으로 예배하는 가운데 하나님의 임재가 임하게 하시옵소서. 광야 40년 동안 옷이 헤어지지 않고 하나님이 함께 하심을 확증하심으로 우리의 눈과 귀와 입술을 열어 지금도 우리와 언제나 동일하게 역사하시는 하나님을 체험하게 하시옵소서...

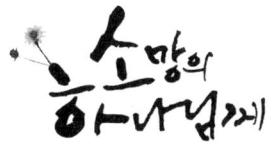

소망의 하나님이 모든 기쁨과 평강을 믿음 안에서 너희에게 충만하게 하사
성령의 능력으로 소망이 넘치게 하시기를 원하노라 <롬 15:13>

2. 오늘 말씀은 출애굽기 21:28~36
'공의와 공평의 하나님'에 관한 말씀입니다

하나님은 인간의 생명보다 귀한 것이 없으므로 고의 과실로 저지른 잘못에 관한 책임을 규정하였습니다. 약자를 보호하시는 동해동량의 법칙(눈에는 눈, 이에는 이)을 적용하고 남을 해하지 말고 심은 대로 거두게 하심의 교훈입니다.

공의와 공평의 하나님이 약한 자를 긍휼이 여기시고 긍휼이 생명을 살리는 능력임을 깨닫게 하시는 하나님을 찬양합니다. 긍휼이 하나님의 성품이심을 알게 하시고 생명을 지키는 능력으로 우리의 마음이 그렇게 되기를 원합니다.

책임을 회피하지 않고 담대히 진리 편에 서는 하나님의 사람이 되게 하시옵소서. 우리의 삶 속에서 공평과 공의와 긍휼의 하나님의 성품을 닮게 하시옵소서. 정한 시간(화, 목 오후 9시 40분 10분 기도회 단톡방) 함께 함으로 성령 하나님 안에서 하나 됨을 지키는 TOUCH 청년부가 되게 하시옵소서. 청년부 형제자매님들이 고훈 목사님의 춘계 부흥사경회(요한복음 11:10 '믿으면 ...')에 참석하여 하나님의 은혜와 능력을 체험하게 하시옵소서.

> 그 소가 본래 받는 버릇이 있는 줄을 알고도
> 그 임자가 단속하지 아니하였으면
> 그는 소로 소를 갚을 것이요 죽은 것은 그가 차지할지니라 〈출 21:36〉

3. 오늘 말씀은 로마서 2:1~16
'하나님의 의를 따르라'에 관한 말씀입니다

다른 사람을 정죄하고 판단하는 사람은 자신도 죄를 저지르는 사람으로 판단의 기준을 자신의 잣대로 쉽게 판단하므로 영적 교만과 자기 독선이 가득한 자로 하나님의 심판의 날에 진노를 면할 수 없습니다.

하나님 앞에서 죄인임을 인정하고 회개하므로 스스로 판단하는 죄를 범하지 말고 말씀에 순종하고 하나님의 의를 따르는 하나님의 사람이 되어야 함을 교훈합니다.

레마의 말씀을 통하여 하나님을 깊이 알게 하시고 하나님의 의를 따라 복음을 전파하는 축복의 통로가 되게 하시는 하나님을 찬양합니다.

믿음 있는 자로서 하나님의 심판을 두려워하게 하시고 상대를 품고 위로하고 긍휼히 여기는 마음을 주시옵소서. 남의 눈에 티끌은 보면서 자신의 들보는 보지 못하는 누를 범하지 않게 하시고 은혜 받은 자로서 합당한 삶을 살게 하시옵소서. 자신을 먼저 돌아보고 상대를 포용하고 관용함으로 우리가 우리의 죄를 용서한 것과 같이 상대를 용서하게 하시옵소서.

그러므로 남을 판단하는 사람아,
누구를 막론하고 네가 핑계하지 못할 것은 남을 판단하는 것으로
네가 너를 정죄함이니 판단하는 네가 같은 일을 행함이니라 〈롬 2:1〉

4. 오늘 말씀은 요한일서 3:19~24
'양심과 기도'에 관한 말씀입니다

우리 안에 예수그리스도가 있고 말씀과 성령으로 우리 마음과 양심의 거리낌 없이 담대하게 나아갈 때 응답 받는 기도의 비결이 있음을 교훈합니다.

성령 충만함으로 삶의 이유와 목적이 변화되어 우리의 삶 속에서 예수님 사랑이 드러나게 하시는 하나님을 찬양합니다.

성령 하나님의 씨가 내안에 내주하여 연약하고 부족한 우리를 담대하게 하시고 예수 보혈로 새롭게 하시고 변화되게 하시옵소서. 예수 그리스도 이름과 복음의 능력으로 우리를 축복의 통로로 사용하여 주시옵소서. 청년부 형제자매 모두가 노방전도(5. 29. 선유도 공원)를 위하여 기도하고 준비하게 하셔서 주님이 주신 복음전파의 사명을 잘 감당하게 하시옵소서. 하나님을 향한 우리의 사랑이 깊어지게 하시고 은혜 가운데 하나 됨을 지켜나가는 사랑의 공동체가 되게 하시옵소서.

여호와는 나의 목자시니 내게 부족함이 없으리로다 그가 나를 푸른 풀밭에 누이시며
쉴 만한 물 가로 인도하시는도다 <시편 23:1~2>

5. 오늘 말씀은 요한일서 4:1~6 '영 분별'에 관한 말씀입니다

요한은 예수님의 인성을 부인하는 영지주의 이단을 적그리스도로 경계하며 교회의 권위와 질서 가운데 기름부음의 성령으로 하나 되게 하시는 하나님의 영을 식별하는 영분별을 교훈합니다.

성령 안에서 교회의 질서와 권위 가운데 일상의 신앙으로 역사하시는 하나님의 영을 찬양합니다.

우리 교회가 살아 역사하시는 성령으로 생명을 살리고 영적 영향력으로 하나 되어 에이레네를 이루게 하시옵소서. 초월과 일상의 건강한 신앙으로 우리를 새롭게 하시고 변화되게 하시옵소서. 예수 그리스도의 인성과 신성을 믿고 따르며 진리의 말씀에 순종하는 참 그리스도인으로 살게 하시옵소서.

성령 하나님 5.29. 청년부 노방전도와 함께 하시어 순적한 일정이 되게 하시옵소서. 믿지 않는 사람들에게 복음을 전파하는 사명을 감당하는 형제자매들에게 큰 은혜 내려 주시옵소서. 5. 30(월)~6. 2(목) 오후 7시 20분에 진행되는 춘계 부흥사경회와 함께 하여 풍성한 은혜와 능력을 체험하게 하시옵소서.

어느 때나 하나님을 본 사람이 없으되
만일 우리가 서로 사랑하면 하나님이 우리 안에 거하시고
그의 사랑이 우리 안에 온전히 이루어지느니라 〈요일 4:12〉

6. 오늘 말씀은 사무엘상 2:12~21 '엘리 제사장의 두 아들 (홉니와 비느하스)과 사무엘의 삶'에 관한 말씀입니다

한나의 기도로 하나님이 주신 사무엘은 하나님 앞에서 하나님을 기쁘시게 하는 삶을 살고 홉니와 바느하스는 하나님을 알지 못하여 제사를 멸시하고 패악한 삶을 살며 자신의 소욕을 채우는 악한 죄를 범하므로 하나님이 심판하시는 교훈을 나타냅니다.

하나님 앞에서 하나님이 기뻐하시는 삶으로 우리를 인도하시고 언제 어디서나 함께 동행하시는 하나님을 찬양합니다.

형식적인 예배가 아니라 우리의 마음과 뜻을 다하여 찬양과 기도로 예배하므로 하나님의 영광을 나타내는 삶을 살게 하시옵소서. 말씀에 순종하고 충성하므로 우리를 축복의 통로로 사용하시는 하나님을 경외합니다.

5. 29. 청년부 형제 자매들이 노방전도로 하나님을 기쁘시게 함으로 우리와 동행하시고 살아 역사하시는 하나님의 은혜를 체험하게 하시옵소서. 부족하고 연약한 우리를 통하여 영혼구원의 사명을 감당하게 하시는 하나님께 감사와 영광과 존귀를 드립니다.

여호와께서 한나를 돌보시사
그로 하여금 임신하여 세 아들과 두 딸을 낳게 하셨고
아이 사무엘은 여호와 앞에서 자라니라 〈삼상 2:21〉

7. 오늘 말씀은 요한일서 4:12~21
'사랑 안에 두려움이 없고'에 관한 말씀입니다

요한은 하나님 사랑 안에 거하면 두려움과 어둠의 영이 사라지고 십자가 사랑으로 하나님께로부터 온전히 용서받은 사람이 되고 이에 감동하여 형제를 사귀고 사랑하며 서로 용납하고 형제의 더 깊은 사랑을 나눌 수 있음을 교훈합니다.

우리가 죄의 빚을 탕감받은 자로서 서로를 용서하고 형제사랑 이웃사랑으로 인도하시는 하나님을 찬양합니다. JESUS is Love 십자가 사랑의 능력으로 우리를 새롭게 하시고 변화되게 하시는 하나님을 경외합니다. 사도바울이 로마 감옥에서 인생의 추운 겨울이 오기 전에 마가를 데려오라고 디모데에게 부탁하듯 하나님 안에서 먼저 화해하게 하시옵소서.

임마누엘의 하나님.
이번 고•청 국내 단기선교 및 비전트립(8. 2~7 제주도 행원교회)과 함께 하시어 순적한 수련회가 되게 하시고 하나님 사랑 형제 사랑을 실천하는 귀한 은혜의 시간 되게 하시옵소서.

누구든지 예수를 하나님의 아들이라 시인하면 하나님이 그의 안에 거하시고
그도 하나님 안에 거하느니라 〈요일 4:15〉

8. 오늘 말씀은 시편 12:1~8
'악인의 입술과 의인의 승리'에 관한 말씀입니다

이 세대가 악하여 악인의 입술과 혀가 난무하고 승하는 것 같으나 살아계신 하나님이 심판하시고 가련하고 궁핍한 자를 보호하시고 지키시는 하나님의 섭리를 교훈합니다.

경건하고(히, 하시드—하나님의 언약적 사랑 steadfast love을 나타내는) 충실한(faihful) 자를 거짓과 비열함이 가득한 세상에 남겨 두시는 하나님을 찬양합니다.

이 세대가 악할수록 우리 안에 영적으로 무너진 담이 없는지 자신의 영적 상태를 점검하는 하나님의 사람이 되게 하시옵소서. 어떤 상황 속에서도 하나님의 관점으로 볼 수 있는 혜안을 주셔서 하나님이 내게 원하시는 거룩함이 어떤 것인지 분별하는 지혜를 허락하여 주시옵소서.

우리의 혀와 입술을 지으신 하나님을 경외하오니 내게서 아첨하고 자랑하는 입술을 끊어지게 하시옵소서. 우리의 중심을 보시는 하나님을 향하여 겸손하게 나아가오니 우리의 믿음을 견고하게 하시고 선인도하여 주시옵소서. 우리가 정한 시간 하나님 앞에 무릎 꿇고 기도하게 하셔서 우리를 새롭게 하시고 변화되게 하시옵소서. 우리의 중보기도를 들으시고 응답하셔서 유연완 아버님을 치유와 회복의 역사가 있게 하시옵소서.

> 여호와께서 모든 아첨하는 입술과 자랑하는 혀를 끊으시리니 <시편 12:3>

9. 오늘 말씀은 고린도전서 1:1~9
'고린도에 있는 교인들에게 보낸 편지'에 관한 말씀입니다

바울은 3차전도 여행 중 에베소에서 고린도 교회의 분쟁을 걱정하며 고린도 교인에게 편지하며 하나님 안에서 사랑의 공동체가 될 것을 권면하고 여러 파로 나뉘어 대립하는 문제 등 이교도의 법적 소송 형식적 예배의식 음란 등에 대하여 질서의 하나님이 사랑으로 하나 되게 하심을 교훈합니다.

혼탁한 세상 속에서도 우리를 더 깊고 풍성한 교제와 영광으로 이끄시는 하나님의 신실하심을 찬양합니다. 성령 하나님의 능력과 은혜로 우리를 하나되게 하시는 미쁘신(faithful) 하나님을 경외합니다.

예수그리스도 안에서 교제하게 하시고 사랑으로 모든 것을 덮으시고 더 큰 형제 사랑을 실천하게 하시옵소서. COVID19로 늦었지만 청년부 임원 LT를 통하여 소통하고 섬김과 나눔을 실천하게 하셔서 더 깊어지고 낮아지고 서로 배려하는 사랑의 공동체가 되게 하시옵소서

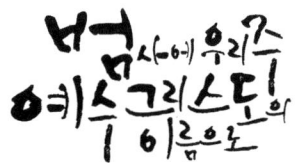

범사에 우리 주 예수 그리스도의 이름으로 항상 아버지 하나님께 감사하며 <엡 5:20>

10. 오늘 말씀은 사무엘상 3:1~14
'사무엘을 부르시는 하나님'에 관한 말씀입니다

사사시대 엘리 제사장이 자기의 처소에 누워 영적으로 쇠할 때 아이 사무엘이 여호와의 전에 누워 하나님의 세미한 음성을 듣게 하셔서 주의 사명을 감당하는 선지자의 역할을 위하여 마지막 사사시대 아이 사무엘에게 역사하시는 하나님을 교훈합니다.

여호와의 전에 누운 아이 사무엘을 부르시는 하나님의 세미한 음성을 듣고 사명을 감당케 하시는 하나님을 찬양합니다.

우리가 늘 여호와의 전과 말씀을 사모하여 하나님의 세미한 음성을 듣고 사명을 감당하는 하나님의 사람이 되게 하시옵소서. 영적 지도자의 권위와 질서를 위하여 기도하게 하시고 성도들의 섬김과 친밀함으로 하나님의 영광이 나타나게 하시옵소서.

내일 진행되는 청년부 임원LT가 하나님이 함께 하셔서 순적한 행사가 되게 하시고 이를 통하여 청년부를 이끄는 영적리더의 사명을 잘 감당하게 하시옵소서. 섬김과 나눔과 배려와 용납으로 여호수아의 leadership과 갈렙과 바나바와 같은 helpership이 우리 안에 나타나게 하시옵소서.

> 여호와께서 사무엘에게 이르시되
> 보라 내가 이스라엘 중에 한 일을 행하리니
> 그것을 듣는 자마다 두 귀가 울리리라 〈삼상 3:12〉

11. 오늘 말씀은 고린도전서 6:12~20
'주와 합하는 자는 한 영'에 관한 말씀입니다

바울은 음란의 도시 고린도에서 음행의 본질에 대하여 강론하며 자유로 육체의 방종 삼지 말고 사랑으로 종노릇하라고 권면합니다. 그리스도의 지체인 몸은 오직 주를 위하여 있으므로 몸이 음행하면 영이 황폐하여 지고 음란은 바람에 떠도는 겨와 같음을 역설합니다. 성령은 거룩한 영이므로 음란과 음행하는 몸을 탄식하고 성령이 소멸되어짐을 교훈합니다.

육체의 정욕과 이기적인 본능을 십자가의 사랑으로 이겨내며 성령 충만하여 온전한 가정과 교회를 이루시는 성령 하나님을 찬양합니다. 우리의 몸이 그리스도의 지체이므로 하나님께로 부터 받은 성전임을 깨닫게 하시는 하나님을 경외합니다.

십자가 사랑으로 우리의 몸이 하나님께 영광을 돌리는 하나님의 사람이 되게 하시옵소서. 임마누엘 하나님. 오늘 저녁 8시 청년부 금요기도회와 함께 하시어 청년부 형제자매들의 발걸음을 붙잡아 주시어 초정전도주일과 제주도 단기선교를 위하여 기도하게 하시옵소서.

하나님이 주를 다시 살리셨고
또한 그의 권능으로 우리를 다시 살리시리라 〈고전 6:14〉

12. 오늘 말씀은 요한복음 8:12~20
'나는 세상의 빛이라'에 관한 말씀입니다

예수님이 초막절 '여인의 뜰' 앞에서 바리새인들과 많은 사람들에게 나는 세상의 빛이라 말씀하시고 예수님의 신성을 나타내시며 나를 따르는 자는 어둠에 있지 않고 생명의 빛을 얻게 됨을 교훈합니다.

어둠 가운데 예수님을 만나면 우리가 죄인인 것을 깨닫고 죽음이 두렵지 않게 하시는 하나님을 찬양합니다. 흑암과 혼돈 가운데 빛으로 세상을 밝히고 천지를 창조하신 빛되신 하나님을 만나게 하시는 하나님을 경외합니다.

영적 무지함 가운데 예수님을 만나 우리가 죄인이고 예수님이 우리 삶의 주인이심을 깨닫는 것이 하나님의 은혜임을 고백하게 하시옵소서. 이번 전도초청주일 영적으로 무지한 사람을 찾아 하나님이 주신 복음의 빛으로 참 자유와 진리를 만나는 기쁨을 전하는 사명을 감당하게 하시옵소서. 고•청 제주도단기선교 및 비전트립에 성령의 기름을 부으셔서 순적한 행사가 되게 하시고 인격적으로 하나님을 만나 삶이 변화되고 새롭게 하시옵소서.

예수께서 대답하여 이르시되 내가 나를 위하여 증언하여도 내 증언이 참되니
나는 내가 어디서 오며 어디로 가는 것을 알거니와
너희는 내가 어디서 오며 어디로 가는 것을 알지 못하느니라 〈요 8:14〉

13. 오늘 말씀은 고린도전서 7:1~7 '부부와 음행'에 관한 말씀입니다

몸은 그리스도의 거룩한 성전이므로 결혼하여 부부가 하나 됨으로 음행을 피하고 정서적, 육적, 영적 친밀감으로 남편이 아내에게, 아내가 남편에게 의무를 다하고 자녀를 낳고 양육하므로 하나님 사랑, 부모사랑을 깨닫고 가정을 건사하며 그 영적 깊이가 더하여져 생육하고 번성하라는 하나님의 뜻을 이룸을 교훈합니다.

결혼으로 남녀가 사랑하고 존중하되 서로의 결점을 보완하고 채워주며 하나님 사랑을 깨닫게 하시는 하나님을 찬양합니다.

결혼하여 이 땅을 다스리고 생육하고 번성하여 충만한 삶을 살게 하시는 하나님을 경외합니다.

사랑의 하나님.
청년부 형제자매에게 강권적으로 역사하셔서 하나님의 때에 하나님이 계획하시고 섭리하셔서 결혼과 자녀의 축복을 허락하여 주시옵소서. 전도초청주일을 위하여 태신하고 복음의 씨앗이 뿌려져 영혼구원의 사명을 감당하는 하나님의 사람이 되게 하시옵소서.

> 서로 분방하지 말라 다만 기도할 틈을 얻기 위하여
> 합의상 얼마 동안은 하되 다시 합하라 이는 너희가 절제 못함으로 말미암아
> 사탄이 너희를 시험하지 못하게 하려 함이라 〈고전 7:5〉

14. 오늘 말씀은 로마서 5:1~11
'믿음의 결과'에 관한 말씀입니다

우리의 분주한 삶 속에서 반복되는 일상이 기쁨을 추구하는 삶이 되기 위하여 우리가 선택할 의미있는 삶은 어떤 것인가. 참된 기쁨은 예수 그리스도를 만나고 십자가 사랑을 믿고 의지할 때 화평을 누리며 하나님의 은혜의 보좌에 들어가고 하나님의 천국 소망의 영광을 바라고 즐거워하게 됨을 교훈합니다.

화려하지 않아도 정결하게 사는 삶 가진 것이 없어도 감사하며 사는 삶 내게 주신 작은 것 나눠주며 사는 삶으로 우리를 인도하시는 하나님을 찬양합니다.

삶 속에서 마주하는 환난을 인내하며 연단과 소망으로 담대한 삶을 살게 하시는 성령하나님을 경외합니다.

우리의 고난과 문제를 십자가 사랑의 확증으로 화평케 하시고 새롭게 하시는 하나님께 감사와 영광과 존귀를 드립니다. 날마다 예수 그리스도를 믿는 기쁨으로 우리의 삶이 새로워지고 변화되게 하시옵소서. 전도초청주일 COVID19로 흩어졌던 성도들의 몸과 마음이 모여 함께 예배드리며 하나님의 은혜가운데 있게 하시옵소서.

그러므로 우리가 믿음으로 의롭다 하심을 받았으니 우리 주 예수 그리스도로 말미암아 하나님과 화평을 누리자 〈롬 5:1〉

15 오늘 말씀은 고린도전서 7:17~24
'부르심을 받은 대로'에 관한 말씀입니다

각 사람마다 자신이 있는 곳에서 부르심을 받은 대로 믿음의 분량으로 충성과 헌신과 나눔과 섬김을 다할 때 하나님의 은혜와 능력이 나타남을 교훈합니다.

마음을 다하여 주께 하듯 섬기고 나누며 삶을 살아 낼 때 말씀의 능력이 나타나게 하시는 하나님을 찬양합니다.

하나님이 내게 주신 재능과 은사로 주를 위해 쓰임 받게 하시고 축복의 통로로 사용하시는 하나님을 경외합니다.

나를 부르신 소명대로 하나님이 내게 주신 사명을 잘 감당할 수 있도록 힘과 용기와 지혜를 주시옵소서. 직분보다 사명을 잘 감당하는 그리스도인으로 살게 하시고 하나님이 주신 은혜에 합당한 삶을 살게 하시옵소서.

성령 하나님, 여름성경학교와 수련회와 함께 하시어 영적 추수의 계절, 다음세대의 믿음의 그루터기들이 인격적으로 하나님을 만나 새로워지고 변화되게 하시옵소서. 자두사모의 간증 집회에 COVID19 엔데믹 시대로 흩어진 성도들이 도전받고 은혜받는 귀한 시간으로 인도하여 주시옵소서.

> 주 안에서 부르심을 받은 자는 종이라도 주께 속한 자유인이요 또 그와 같이 자유인으로 있을 때에 부르심을 받은 자는 그리스도의 종이니라 〈고전 7:22〉

16. 오늘 말씀은 고린도전서 9:15~27
'복음을 전하는 자의 상과 절제'에 관한 말씀입니다

사도 바울은 복음을 전하기 위하여 때로는 유대인처럼 때로는 헬라인처럼 때로는 율법 아래에 있는 자와 같이 살며 한사람이라도 그들을 구원하려고 경주합니다. 케노시스(kenosis) 자기 자신을 비워 성육신(incarnation)하신 예수님을 본 받아 절제하고 은밀한 중에 복음을 전하는 삶으로 내게 있는 권리를 다 쓰지 않아 하늘의 상급이 큼을 교훈합니다.

은밀한 중에 기도하고 구제하며 헌신하는 사람을 하늘나라의 큰 상급으로 위로하시고 상 주시는 하나님을 찬양합니다. '목표가 없으면 회개할 것도 없다'는 레마의 말씀으로 우리를 새롭게 하시는 하나님을 경외합니다.

성령 하나님, 여름성경학교와 제주도 단기선교와 함께 하시어 기름 부으셔서 인격적으로 하나님을 만나 새로워지고 변화되는 하나님의 꿈과 비전을 품는 축복의 통로가 되게 하시옵소서.

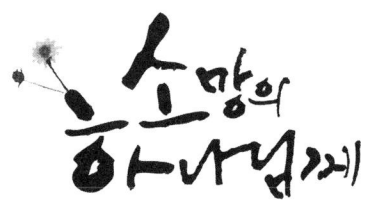

소망의 하나님이 모든 기쁨과 평강을 믿음 안에서 너희에게 충만하게 하사 성령의 능력으로 소망이 넘치게 하시기를 원하노라 <롬 15:13>

17. 오늘 말씀은 로마서 6:1~11
'죄는 죽고 의에 살다'에 관한 말씀입니다

사도 바울은 예수 그리스도를 만나면 십자가 사랑으로 죄의 사슬이 끊어지고 우리의 신분과 소속이 달라져 옛사람은 죽고 십자가 능력의 그늘 아래 변화되고 새롭게 되어 참자유와 진리 가운데 있게 됨을 교훈합니다.

하나님의 은혜로 우리의 영적 신분이 하나님의 자녀가 되게 하시어 우리를 새롭게 하시는 하나님을 찬양합니다.

우리가 그리스도와 연합함으로 죄와 사망의 권세를 이기고 죄에 종노릇하지 않고 생명과 부활의 소망을 품고 새로운 피조물로 거듭나게 하시는 하나님을 경외합니다.

우리의 삶 속에서 마루틴 루터의 '그럼에도 불구하고 하나님은 나를 사랑하신다'는 믿음처럼 늘 마음속에 우리를 위하여 대속하신 예수 십자가의 죽으심을 잊지 않게 하시옵소서. 하나님의 은혜로 여름성경학교가 잘 마쳐지게 하심을 감사드립니다.

임마누엘 하나님. 고·청 제주도 단기선교와 함께하시어 그 일정에 기름부으셔서 순적한 행사가 되게 하시옵소서.

> 그런즉 우리가 무슨 말을 하리요 은혜를 더하게 하려고 죄에 거하겠느냐
> 그럴 수 없느니라 죄에 대하여 죽은 우리가
> 어찌 그 가운데 더 살리요 〈롬 6:1~2〉

18. 오늘 말씀은 사도행전 14:8~18
'루스드라의 기적'에 관한 말씀입니다

사도바울은 제1차 선교 여행 중 비시디아 안디옥에서 이고니온으로, 다시 루스드라에서 복음을 전할 때 회당이 없으므로 전적인 이방인을 위한 설교를 하게 되고 사도적인 권위로 구원받을 만한 믿음이 있는 앉은뱅이를 걷게하는 기적이 나타나고 이 기적에 놀라 바나바와 바울을 신으로 제사 지내려 하자 '나도 사람이다'하고 외치며 성령의 감동으로 하나님의 권능을 선포하여 말씀과 성령의 역사를 증거함의 교훈입니다.

말씀과 성령이 역사하여 이적과 기사로 하나님의 권능과 영광을 나타나게 하시는 하나님을 찬양합니다.

믿음으로 하나님을 기쁘시게 하고 말씀을 증거하고 복음을 선포하며 하나님을 찾는 자들에게 상 주시는 이심을 깨닫게 하시는 하나님을 경외합니다.

마른 작대기와 먼지와 같은 우리가 하나님을 만나고 진리의 말씀을 증거하는 삶을 살아갈 때 하나님의 은혜 가운데 있게 하시옵소서. 하나님이 내게 주신 복음 전파의 사명을 기쁘게 감당하게 하셔서 하나님의 영광을 보게 하시옵소서.

> 바울이 말하는 것을 듣거늘 바울이 주목하여 구원 받을 만한 믿음이 그에게 있는 것을 보고 큰 소리로 이르되 네 발로 바로 일어서라 하니 그 사람이 일어나 걷는지라 〈행 14:9~10〉

19. 오늘 말씀은 고린도전서 12:1~11
'성령의 은사'에 관한 말씀입니다

사도바울은 성령이 성삼위 하나님으로 받은 카리스(은혜)로 자격없는 자에게 주어진 선물로 은사는 여러 가지나 성령은 같고 각 사람에게 나타내심은 유익하게 함을 교훈합니다.

지혜와 지식 믿음과 신유와 능력 행함 예언 영분별 방언 방언통역으로 교회의 필요를 채우시고 각 사람에게 유익을 주고 선한 영향력으로 흘러가게 하시는 하나님을 찬양합니다. 어떤 환경과 여건에도 불구하고 우리를 그리스도의 영으로 하나 되게 하셔서 에이레네를 이루시는 성령 하나님을 경외합니다.

성령 하나님,. 고•청 제주도 단기선교와 함께 하셔서 그 일정에 기름 부으시고 동행하시므로 순적한 수련회로 인도하여 주시옵소서. 하나님의 은혜와 능력을 체험하는 천국잔치가 되게 하셔서 하나님의 비전과 꿈을 이루는 믿음의 그루터기가 되게 하시옵소서.

하나님을 향한 더 큰 소망과 비전을 품게 하셔서 제주 단기선교를 통하여 오직 하나님께 영광 돌리는 사역이 되게 하시옵소서.

그러므로 내가 너희에게 알리노니
하나님의 영으로 말하는 자는 누구든지 예수를 저주할 자라 하지 아니하고
또 성령으로 아니하고는 누구든지 예수를 주시라 할 수 없느니라 〈고전 12:3〉

20. 오늘 말씀은 요한복음 12:1~8 '향유옥합을 깨뜨려'에 관한 말씀입니다

베다니(Bethany) 가난하고 병든 자들이 살던 작은 마을... 죽은 나사로가 다시 살아난 곳, 은혜와 소망이 있는 곳에서 마리아가 예수님께 나드 향유 옥합을 깨트려 발까지 적셔 머리털로 예수님의 발을 씻겨 드린 마리아의 순종으로 십자가 사랑 예수님 사랑을 교훈합니다.

내게 있는 시간과 물질 섬김 마음을 내어 놓을 때 일하기 시작하시는 하나님을 찬양합니다.

향유를 삼백 데나리온에 팔아 가난한 자들에게 주지 않느냐는 가룟 유다의 말에 나의 장례할 날을 위하여 그것을 간직하게 하라고 하신 하나님을 경외합니다.

우리의 삶 가운데 복음이 전파되는 곳에서 향유옥합을 깨드려 예수님 사랑을 실천한 마리아의 순종을 증거하게 하시옵소서. 제주도 단기선교로 우리 마음에 찾아 온 예수님 사랑이 소멸되지 않고 이웃사랑으로 흘러 하나님을 증거하는 복음전파의 사명을 감당하는 하나님의 사람이 되게 하시옵소서.

내 시간과 소유 재능과 은사가 하나님의 사역에 크게 쓰임받는 도구가 되게 하시옵소서.

> 가난한 자들은 항상 너희와 함께 있거니와
> 나는 항상 있지 아니하리라 하시니라 〈요12:8〉

21. 오늘 말씀은 사무엘상 9:11~24
'사무엘과 사울의 만남'에 관한 말씀입니다

이스라엘의 마지막 사사 사무엘을 통하여 백성들의 요구에 따라 하나님의 때에 사울을 만나게 하시고 왕을 세우시는 하나님의 계획과 섭리를 교훈합니다.

사울을 블레셋으로부터 이스라엘을 구원하는 왕으로 세우기 위한 하나님의 계획과 역사가 하나님의 때와 방법으로 사무엘을 통하여 이루어지게 하시는 하나님을 찬양합니다.

사무엘을 통하여 사울에게 기름 부으시고 왕으로 세워 이스라엘의 역사를 주관하시는 하나님을 경외합니다.

우리 삶 가운데 많은 문제와 염려를 신실하신 하나님 앞에 내려놓고 하나님의 뜻과 계획을 기다리는 하나님의 사람이 되게 하시옵소서. 이스라엘의 역사를 주관하시는 크신 하나님을 신뢰하여 내 뜻대로 되지 않을지라도

하나님의 뜻과 계획이 무엇인지 인내하며 하나님의 손길 아래에 있는 자가 되게 하시옵소서. 고난이 변장된 축복임을 알게 하시고 하나님의 은혜 가운데 우리를 통하여 하나님의 꿈과 비전이 이루어지게 하시옵소서.

> 사무엘이 사울을 볼 때에 여호와께서 그에게 이르시되
> 보라 이는 내가 네게 말한 사람이니
> 이가 내 백성을 다스리리라 하시니라 〈삼상 9:17〉

22. 오늘 말씀은 요한복음 13:1~11
'제자들의 발을 씻으시다'에 관한 말씀입니다

예수님이 십자가 죽음 전에 듣지도 깨닫지도 못하는 제자들에게 종의 모습으로 겉옷을 벗고 수건을 허리에 두르시고 발을 씻기시는 그리스도의 사랑과 용서로 십자가 사건을 준비하시는 하나님의 사랑을 교훈합니다.

예수 십자가의 공로로 우리의 죄를 대속하셔서 우리를 구원하신 지극하신 하나님 사랑을 찬양합니다. 우리가 연약하여 죄의 유혹에 빠질 때 십자가 공로로 우리를 정결하고 깨끗하게 하시는 하나님을 경외합니다.

'내가 너희를 사랑한 것처럼 너희도 서로 사랑하라'고 하신 예수님의 음성을 날마다 듣게 하시고 우리의 삶 가운데 마음과 입술로 고백하고 실천하게 하시옵소서. 이 새벽 부족한 우리를 부르시고 하나님의 은혜와 사랑으로 우리의 죄를 씻어 영적인 세례로 우리를 깨끗케 하시니 무한 감사드립니다. 우리를 하나님의 복음을 전하는 도구와 축복의 통로로 사용하여 주시옵소서.

유월절 전에 예수께서 자기가 세상을 떠나
아버지께로 돌아가실 때가 이른 줄 아시고 세상에 있는 자기 사람들을 사랑하시되
끝까지 사랑하시니라 〈요 13:1〉

23. 오늘 말씀은 요한복음 13:31~35 '새 계명- 서로 사랑하라'에 관한 말씀입니다

성육신하신 예수님은 십자가 죽으심으로 하나님 뜻을 행하여 부활과 승천의 영광을 받으셨습니다. 내가 너희를 사랑한 것같이 너희도 서로 사랑하라는 새 계명을 주심의 교훈입니다.

서로 사랑하면 모든 민족이 그리스도의 제자가 되는 영광을 주신 하나님을 찬양합니다. 성령의 은혜로 예수가 내안에, 내안에 예수님이 계시므로 제자(마데테스: disciple 배우고 훈련받는 사람, 본받고 뒤따르는 자)되게 하시는 하나님을 경외합니다.

서로 사랑하라는 말씀을 행하는 믿음의 제자 된 삶으로 우리를 새롭게 하시고 변화되게 하시옵소서. 우리가 날마다 '예수님이 날 어떻게 사랑하셨지?' 하고 되묻고 그 은혜에 합당한 삶을 살게 하시옵소서. 그리스도가 내안에 살아있는 새로운 피조물로 제자의 사명을 감당하는 하나님의 사람이 되게 하시옵소서.

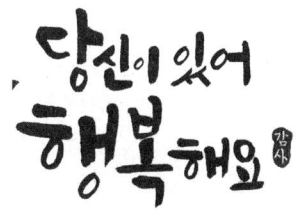

복 있는 사람은 악인들의 꾀를 따르지 아니하며 죄인들의 길에 서지 아니하며 오만한 자들의 자리에 앉지 아니하고 오직 여호와의 율법을 즐거워하여 그의 율법을 주야로 묵상하는도다 <시편 1:1~2>

24. 오늘 말씀은 로마서 9:1~13
'하나님의 소원을 품는 자'에 관한 말씀입니다

우리는 저마다 마음의 소원을 품고 살지만 자신이 소원하는 것을 다 이루며 살 수는 없습니다. 행복한 사람은 많이 가진 자가 아니라 많은 것을 누리며 사는 삶입니다. 사도 바울은 택한 백성을 향한 소원으로 약속의 자녀가 약속의 말씀을 붙들고 예수님을 만나 복음의 진리와 구원의 기쁨을 갖게 되기를 소원합니다. 하나님의 소원을 품는 자가 구원의 기쁨과 하나님 나라의 영광을 누리며 사는 삶인 것을 교훈합니다.

예수 그리스도 복음의 능력으로 구원받지 못한 사람을 위하여 긍휼한 마음과 연민을 품게 하시는 하나님을 찬양합니다.

우리의 삶 속에서 섬김과 나눔, 수고와 헌신으로 복음을 전하게 하시고 그리스도의 사랑과 믿음으로 하늘의 소망을 품고 믿지 않는 영혼을 위하여 눈물로 기도하게 하시옵소서. 구원받지 못한 영혼을 위하여 하나님을 향하여 눈물로 기도하는, 하나님이 찾는 참믿음의 사람이 되게 하시옵소서.

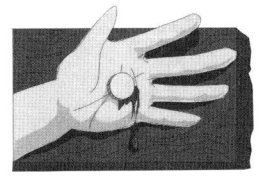

약속의 말씀은 이것이니 명년 이 때에 내가 이르리니
사라에게 아들이 있으리라 하심이라 〈롬 9:9〉

25. 오늘 말씀은 사무엘상 11:12~15
'사울을 왕으로 세움'에 관한 말씀입니다

사울이 하나님 앞에서 잠잠히 나아가 사무엘과 그를 따르는 백성과 함께 길갈에서 화목제를 드려 하나님께 영광을 드리므로 하나님을 향한 초심을 지켜 새롭게 됨의 교훈입니다.

우리가 익숙함으로 흐트러지는 마음을 추스려 하나님을 향한 첫사랑을 기억하고 하나님께 나아갈 때 우리를 지키시고 새롭게 하시는 하나님을 찬양합니다.

여호수아가 가나안 땅에 들어가기 전 하나님의 택한 백성으로 할례를 행한 길갈에서 사울왕이 화목제를 드림으로 기뻐하시는 하나님을 경외합니다.

우리가 하나님을 사랑한 것이 아니라 하나님이 우리를 사랑하사 우리 죄를 속하기 위하여 화목제물로 그 아들을 보내어 우리를 구원하신 하나님의 은혜에 감사와 영광과 존귀를 드립니다.

하나님의 첫사랑을 날마다 기억하고 예수 그리스도를 붙잡고 말씀에 순종하는 삶을 살게 하시옵소서. 오직 예수 오직 영광의 하나님을 향한 우리의 온전한 마음으로 잠잠히 나아가게 하시옵소서.

> 모든 백성이 길갈로 가서 거기서 여호와 앞에서 사울을 왕으로 삼고 길갈에서 여호와 앞에 화목제를 드리고 사울과 이스라엘 모든 사람이 거기서 크게 기뻐하니라 〈삼상 11:15〉

26. 오늘 말씀은 고린도전서 13:1~5 '사랑은 악한 것을 생각치 않습니다'에 관한 말씀입니다

사도 바울은 고린도교회에 보낸 서신에서 예수 십자가의 사랑을 기억하고 하나님이 용서하신 당신의 과거를 우리도 용서해야 한다고 강론하며 세상은 들킨 죄인과 들키지 않은 죄인이 있을 뿐 하나님 앞에서 의인은 하나도 없으므로 사랑은 과거의 잘못을 기억하지 않는 것임을 교훈합니다.

자격 없는 우리를 자녀 삼으시고 복음으로 죄와 사망에서 구원하신 하나님을 찬양합니다. 원수는 물에 새기고 은혜는 돌에 새겨 상대의 장점을 그의 모습으로 기억하는 것이 그리스도의 사랑임을 레마의 말씀으로 깨닫게 하신 하나님을 경외합니다. 새벽이슬과 같은 가을맞이 특새를 통하여 우리의 눈과 귀를 열어 예수님 십자가의 사랑과 은혜와 능력을 체험하게 하시니 감사와 영광과 존귀를 드립니다.

세상 소망 다 사라져도 하나님의 사랑을 붙좇아(히:다바크) 살아가는 이 모든 순간이 오직 주의 은혜임을 고백하게 하시옵소서.

사랑은 오래 참고 사랑은 온유하며 시기하지 아니하며
사랑은 자랑하지 아니하며 교만하지 아니하며 〈고전 13:4〉

27. 오늘 말씀은 데살로니가전서 5:16~18
'우리를 향한 하나님의 뜻'에 관한 말씀입니다

사도 바울은 데살로니가 교인에게 쓴 편지에서 하나님이 우리에게 원하시는 것을 강론하며 항상 기뻐하고 쉼없이 기도하며 범사에 감사하는 것이 우리를 향하신 하나님의 뜻이라고 교훈하십니다.

우리 민족 고유의 명절 한가위를 허락하셔서 나누고 섬기며 감사하는 풍성한 열매로 우리를 샬롬케 하시는 하나님을 찬양합니다.

쉼 없는 기도의 능력으로 때를 따라 우리의 필요를 채우시는 하나님을 지향하며 하나님의 은혜 가운데 있게 하시옵소서. 언제든지 어느 곳에서든지 어떤 상황 속에서도 감사함으로 조건이 아닌 믿음으로 감사하는 하나님의 사람이 되게 하시옵소서. 하나님의 은혜가 감사로 표현되어질 때 하나님의 더 큰 은혜가 우리 안에 거하는 하나님의 나라를 경험하게 하시옵소서. 믿음의 경주를 할수록 겸손과 섬김, 나눔과 헌신의 복된 삶이 되게 하시옵소서.

야베스가 이스라엘 하나님께 아뢰어 이르되 주께서 내게 복을 주시려거든 나의 지역을 넓히시고 주의 손으로 나를 도우사 나로 환난을 벗어나 내게 근심이 없게 하옵소서 하였더니 하나님이 그가 구하는 것을 허락하셨더라 <역대상 4:10>

28. 오늘 말씀은 로마서 9:14~18
'하나님의 선택, 그 은혜'에 관한 말씀입니다

인간은 삶을 살아가면서 수 많은 선택을 하고 그 선택으로 지금의 나를 있게 합니다. 하나님은 자신을 선택하는 사람들에게 믿음과 소망, 사랑과 평안, 하나님 나라의 구원으로 인도하심을 교훈합니다

하나님의 은혜를 갈망하는 자를 통하여 하나님의 헤세드를 주시고 부족하고 연약하지만 하나님과 동행하는 자를 택하시는 하나님을 찬양합니다. 하나님의 영적 갈망을 사모하는 자에게 하나님의 은혜와 긍휼이 있게 하시는 하나님을 경외합니다.

하나님이 우리에게 주신 사명을 선택하고 창조주 하나님의 약속을 믿고 하나님을 의지하며 동행하는 하나님의 일꾼이 되게 하시옵소서. 우리가 그 선한 영향력으로 다음세대를 믿음의 그루터기로 인도하여 하나님의 영광이 나타나도록 축복의 통로가 되게 하시옵소서. 지금 내가 선택한 순간 순간이 하나님의 뜻을 분별하여 거룩한 부담을 감사와 기쁨으로 감당함으로 하나님의 영광이 드러나게 하시옵소서.

그런즉 하나님께서 하고자 하시는 자를 긍휼히 여기시고
하고자 하시는 자를 완악하게 하시느니라 〈롬 9:18〉

29. 오늘 말씀은 요한복음 17:9~17
'제자들을 위한 예수님의 기도'에 관한 말씀입니다

예수님은 제자들이 다 하나님의 것이라고 말씀하시며 예수님 자신도 하나님으로부터 십자가의 영광을 받았음을 선포하십니다. 예수님은 거룩하신 아버지 하나님의 이름으로 말씀이 우리 안에 보전되게 하시고 그 진리의 말씀으로 우리를 지키시고 보호하시며 언제나 우리를 위하여 중보하고 계심을 교훈합니다.

나보다 나를 더 사랑하시고 더 잘 아시는 하나님이 언제나 우리를 위하여 간구하시는 하나님 되심을 찬양합니다.

레마의 말씀을 통하여 진리로 우리를 거룩하게 하시고 예수님이 우리를 중보하셔서 죄와 세상에 대하여 승리하게 하심이 하나님의 뜻임을 깨닫게 하시는 하나님을 경외합니다.

하나님의 아들 예수여 우리를 불쌍히 여겨 주시옵소서. 우리를 위하여 간구하시는 예수님이 계시므로 하나님의 은혜와 긍휼로 우리의 기도를 들으시고 응답하심을 감사드립니다. 거룩하신 하나님이 우리에게 명하신 복음 전파의 사명을 감당하게 하시어 새 생명을 견인하는 구원의 방주가 되게 하시옵소서.

> 내가 그들을 위하여 비옵나니 내가 비옵는 것은 세상을 위함이 아니요
> 내게 주신 자들을 위함이니이다 그들은 아버지의 것이로소이다 〈요 17:9〉

30. 오늘 말씀은 고린도전서 15:1~11
'부활-하나님의 은혜'에 관한 말씀입니다

사도바울은 고린도교회의 분파와 분열을 해결할 궁극적인 능력은 그리스도의 부활임을 강론합니다. 십자가 복음의 핵심은 십자가 죽음과 부활이며 부활의 능력이 성경에 쓰여진 대로 이루어진 것이 역사적 사실이며 그리스도인의 구원은 부활이며 이는 하나님의 은혜임을 교훈합니다.

부활은 부족하고 연약한 자격 없는 자에게 주시는 하나님의 선물이며, 받아야 할 이유가 없는 자에게 주시는 특별한 은총을 허락하신 하나님을 찬양합니다. 십자가 못 자국을 보지 않고 믿는 자의 믿음이 더 복되다고 말씀하신 예수 그리스도를 믿는 부활 신앙으로 우리의 삶 속에서 부활의 증인으로 살게 하시는 하나님을 경외합니다. 나의 나 된 것은 다 하나님의 은혜라고 선포하신 사도바울의 믿음이 우리의 고백이 되게 하시옵소서.

부활의 증인된 삶과 부활의 권능과 복음의 능력으로 새생명 전도의 결실을 맺기 위하여 주변의 믿지 않는 이들을 위하여 태신하고 전도하는 사명을 기쁘게 감당하게 하시옵소서.

형제들아 내가 너희에게 전한 복음을 너희에게 알게 하노니
이는 너희가 받은 것이요 또 그 가운데 선 것이라 〈고전 15:1〉

31. 오늘 말씀은 고린도전서 15:20~34 '부활의 첫 열매'에 관한 말씀입니다

사도바울은 에베소에서 고린도 교회에 보낸 첫 번째 편지에서 예수 그리스도가 인류의 구원을 위하여 고난받으시고 십자가의 죽음과 사흘만에 부활하심으로 죄로 인하여 늙고 죽을 수밖에 없는 인간이 아담의 원죄에서 벗어나 사망이 끝이 아니라 부활의 소망을 갖게 하시고 예수님이 그 부활의 첫 열매가 되심을 교훈합니다.

우리가 예수 그리스도 안에 있을 때 죄와 사망을 이기고 부활 소망을 갖게 하신 부활의 첫 열매 예수 그리스도 하나님을 찬양합니다.

'속지마라 악한 동무들은 선한 행실을 더럽힌다'는 말씀으로 우리를 경책하시고 새롭게 하시는 하나님을 경외합니다.

성령 하나님이 함께 하셔서 눈에 보이는 세상을 따라 죄악에 빠지지 말고 영적으로 깨어 의를 행하고 죄를 짓지 않도록 우리를 선인도하여 주시옵소서. 영적 추수의 계절 새생명 전도축제로 주변의 믿지 않는 사람들을 태신하여 복음을 전하는 사명을 기쁜 마음으로 감당하게 하시옵소서.

> 만물을 그의 발 아래에 두셨다 하셨으니 만물을 아래에 둔다 말씀하실 때에 만물을 그의 아래에 두신 이가 그 중에 들지 아니한 것이 분명하도다
> 〈고전 15:27〉

2장 소망

소망 중에 즐거워하며
환난 중에 참으며
기도에 항상 힘쓰며
<로마서 12:12>

풀은 마르고
꽃은 떨어지되
오직
주의 말씀은
세세토록
있도다

벧전 1:24-25

2-1. 오늘 말씀은 갈라디아서 4:8~20 '다시 복음으로'에 관한 말씀입니다

사도 바울은 갈라디아 교회 성도들에게 거짓 교사들의 잘못된 가르침(율법을 지켜야 구원 받는다)에 대하여 예수 그리스도의 십자가 죽음으로 완전한 자유를 얻어 성령을 좇아 하나님 나라와 뜻을 이루는 은혜의 삶을 살 것을 권면하며 오직 하나님의 은혜로 장성한 분량의 믿음과 성숙한 그리스도인으로 회복되어 십자가 사랑을 믿는 복음의 진리를 교훈합니다.

사도 바울의 갈라디아 교회를 향한 다시 복음 안에서 하나가 되라는 과원지기의 마음을 품게 하시는 하나님을 찬양합니다. 율법은 초등교사로 죄를 깨닫고 예수 십자가 죽음으로 성막과 지성소의 휘장이 찢어져 완전한 자유를 얻게 하시는 하나님의 섭리를 경외합니다.

성령 안에서 흩어진 성도들의 마음을 사랑으로 하나되게 하여 다시 해산의 수고를 각오하는 사도 바울의 믿음을 붙좇아(히: 다바크/전인격적인 결심-달라붙어 하나가 될 때까지 붙어 떨어지지 않음) 나아가게 하시옵소서.

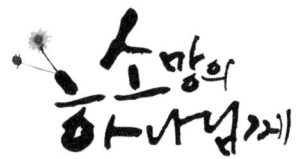

소망의 하나님이 모든 기쁨과 평강을 믿음 안에서 너희에게 충만하게 하사
성령의 능력으로 소망이 넘치게 하시기를 원하노라 <롬 15:13>

2. 오늘 말씀은 마태복음 1:18~25
'선물을 볼 수 있는 눈'에 관한 말씀입니다

예수 그리스도의 나심은 약혼한 요셉과 마리아에게는 최악이었지만 성령으로 잉태하심을 믿고 신뢰할 때 하나님의 놀랍고 신비한 최고의 선물이 되었습니다. 하나님의 일은 최악의 일이 믿음으로 선택하여 최고의 선물이 되어 구원과 희망, 위로와 복음이 되었음을 교훈합니다.

흑암과 공허가 있고 혼돈이 있은 후에 천지창조가 이루어진 것처럼 최악의 상황을 믿음으로 선택하여 최고의 선물이 되게 하신 하나님을 찬양합니다. 우리가 삶 가운데 성령 충만한 믿음으로 선택하여 최고의 선물을 볼 수 있는 눈을 허락하여 주시옵소서. 하나님은 부족함을 채우시고 도우시며 언제나 우리와 함께 하시는 임마누엘의 하나님이심을 전적으로 신뢰하며 의지합니다.

우리의 부족하고 연약함을 아시는 하나님.
광야와 같은 삶 가운데 동행하시는 하나님이 우리에게 피할 길을 주시옵소서. 가난과 질병과 장해와 억압 가운데 믿음을 가지고 사랑의 수고와 인내로 하나님을 의지할 때 부족함을 채우시고 도우시는 하나님을 경외합니다. 성탄절 이천 년 전 이 땅에 오신 하나님을 찬양하고 경배함으로 다시 오실 하나님을 기다리는 마음으로 최고의 선물을 보게 하시옵소서.

> 보라 처녀가 잉태하여 아들을 낳을 것이요 그의 이름은 임마누엘이라 하리라 하셨으니 이를 번역한즉 하나님이 우리와 함께 계시다 함이라 〈마 1:23〉

3. 오늘 말씀은 고린도전서 16:13~24
'깨어 굳게 서서 남자답게 강건하라'에 관한 말씀입니다

사도 바울은 에베소에 머물며 고린도교회에 보낸 편지에서 '깨어' 우리의 현재 모습을 직시하여 새롭게 변화되고, '믿음에 굳게 서서' 말씀과 복음의 진리를 따라 '남자답게' 두려움에 휩싸이지 않고 용기내어 책임감 있게, '강건하여' 절망하지 말고 힘을 내어 사랑으로 행하라고 권면하고 고린도의 문제인 분파와 분열 음행과 혼탁, 불신을 타파하고 십자가와 복음의 능력으로 그리스도인의 사랑의 공동체로 바로서기를 권면하며 교훈합니다.

불의한 상황 속에서도 절망하지 말고 교회를 위하여 상대를 위하여 어머니 같은 사랑으로 품고 복음의 진리 가운데 그리스도인의 향기를 드러나게 하시는 하나님을 찬양합니다. 주님이 주신 이방인의 사도의 사명을 지키기 위하여 사력을 다하는 사도 바울에게 루디아와 브리스길라 아굴라 스데바나 브드나도 아가이고와 같은 하나님의 일꾼 동역자를 붙여 주님의 역사를 이루시는 하나님을 경외합니다.

임마누엘 하나님이 함께 하셔서 2천 년 전 그 열정과 비전으로 양평동교회를 하나님의 은혜로 다시 하나님의 역사를 쓰는 축복의 통로로 사용하여 주시옵소서.

나 바울은 친필로 너희에게 문안하노니
만일 누구든지 주를 사랑하지 아니하면 저주를 받을지어다
우리 주여 오시옵소서 〈고전 16:21~22〉

4. 오늘 말씀은 고린도후서 2:1~11
'근심하게 한 사람을 용서하라'에 관한 말씀입니다

사도 바울은 고린도 교인에게 자전적 고백의 서신을 눈물로 써 보냅니다. 교회 내의 거짓 교사를 향하여 강한 책망과 염려로 교회의 권징과 치리가 있은 후 그들이 회개하면 사랑으로 용납하고 그리스도의 용서가 흘러가 교회의 질서가 다시 회복케 됨을 교훈합니다.

진정성 있는 눈물의 편지로 교회의 질서를 회복케 하고 회개한 교인을 넘치는 사랑으로 용납하여 그리스도의 사랑으로 용서하게 하시는 하나님을 찬양합니다. 하나님의 긍휼과 용서로 교회를 화목케 하시고 질서를 회복하므로 믿음 안에서 하나 되게 하시는 하나님을 경외합니다.

그리스도의 사랑 가운데 책망과 쓴소리와 훈계로 우리를 새롭게 하시고 변화되게 하시옵소서. 성령 하나님 함께 하셔서 하나 됨을 지키게 하시고 서로 사랑함으로 교회의 질서와 에이레네를 이루게 하시옵소서.

그리스도의 용서와 사랑이 우리 교회와 청년부를 이끄는 중심이 되게 하시고 그 선한 영향력으로 사랑의 공동체가 되게 하시옵소서.

> 너희가 무슨 일에든지 누구를 용서하면 나도 그리하고
> 내가 만일 용서한 일이 있으면 용서한 그것은
> 너희를 위하여 그리스도 앞에서 한 것이니 〈고후 2:10〉

5. 오늘 말씀은 요한복음 18:15~27
'그럼에도 불구하고 우리를 사용하시는 하나님'에 관한 말씀입니다

베드로는 예수님이 대제사장 가야바와 산헤드린 앞에서 재판 중 심문당할 때 새벽 닭이 울기 전 세 번 예수님을 모른다고 부인합니다. 그럼에도 불구하고 예수님은 십자가 죽으심으로 인류를 구원하시고 부활하신 예수님이 베드로를 찾아가 다시 회복시키시고 '내 양을 먹이라' '내 양을 치라' 명하시며 축복의 통로로 사용하시는 하나님의 섭리를 교훈합니다.

인간의 나약함과 죄와 허물을 하나님의 사랑으로 덮으시고 하나님의 은혜로 우리를 회복케 하시고 사용하시는 하나님을 경외합니다.

우리를 지금까지 지키시고 보호하시는 에벤에셀의 하나님.
추계부흥사경회(10.10~13) & 새생명 전도축제(10.30)와 함께 하셔서 우리를 새롭게 하시고 복음 전파의 사명을 감당하게 하셔서 영혼 구원의 은혜가 있게 하시옵소서. 마음을 다하여 뜻을 다하여 영혼 구원을 위한 복음 전파의 사명을 기쁜 마음으로 감당할 때에 하나님이 일하기 시작하셔서 교회의 부흥이 있게 하시옵소서.

이에 베드로가 또 부인하니 곧 닭이 울더라 〈요 8:27〉

6. 오늘 말씀은 고린도후서 3:1~18
'그리스도의 편지'에 관한 말씀입니다

사도바울은 자신의 사도권 변증으로 우리가 그리스도의 향기로 하나님의 사람의 정체성을 결정하듯 우리들의 삶으로 보여지는 그리스도의 편지가 되어 하나님이 쓰신 추천서로 세상에 보여지는 하나님을 증거하는 사람이 될 것을 교훈합니다.

그리스도의 편지는 예수를 증거하고 나타내는 4복음서 외에 다섯 번째 복음서를 나타내는 '예수를 믿고 사는 하나님의 사람 그 자체임'을 깨닫게 하신 하나님을 찬양합니다. 부족하고 연약한 우리를 택하셔서 새 언약의 일꾼 삼으시고 우리를 강하고 담대한 그리스도의 편지로 새롭게 하시는 하나님을 경외합니다.

하나님의 은혜로 '예수가 누구인지' 증거하고 나타내는 그리스도의 향기와 편지가 되는 삶을 살게 하시옵소서. 우리가 하나님의 말씀이 되는 삶을 향하여 한 걸음 한 걸음 신실한 믿음으로 나아가게 하시옵소서. 부흥사경회를 통하여 성령 충만하게 하셔서 인격적으로 하나님을 만나고 감사하고 기뻐하는 천국 잔치가 되게 하시옵소서.

주는 영이시니 주의 영이 계신 곳에는 자유가 있느니라 〈고후 3:17〉

7. 오늘 말씀은 로마서 11:13~24
'감람나무로 접붙임한 교회의 참모습'에 관한 말씀입니다

사도바울은 이방인의 사도로서 교회의 사명과 직분을 영광스럽게 여기고 건강한 교회는 섬김과 나눔 배려함으로 예수 안에서 하나가 되어가는 사랑의 공동체임을 교훈합니다.

건강한 교회는 참감람나무인 경륜이 오랜 선진의 믿음의 선배님들과 돌감람나무인 젊은 세대의 믿음의 신세대가 접붙임되어 뿌리는 믿음의 선진과 가지는 신세대인 다음세대가 어울려 한 몸이 되게 하시는 하나님을 찬양합니다. 참감람나무와 돌감람나무가 접붙임되어 다음세대의 믿음의 그루터기를 세워가게 하시는 하나님을 경외합니다.

성령 하나님 함께 하셔서 하나님 안에서 양평동교회가 하나가 되고 에이레네를 이루게 하시옵소서. 영적 추수의 계절, 추계부흥사경회 첫째 날(강은도 목사님 저녁 7시 20분) 은혜의 자리에 함께 할 수 있도록 우리의 마음과 몸을 이끌어 주시옵소서. 청년부 형제자매들의 마음을 붙드셔서 부흥회 첫 날 발걸음을 교회로 오게 하셔서 하나님의 은혜와 능력을 체험하고 실천하는 축복의 통로가 되게 하시옵소서.

> 네가 원 돌감람나무에서 찍힘을 받고 본성을 거슬러
> 좋은 감람나무에 접붙임을 받았으니 원 가지인 이 사람들이야
> 얼마나 더 자기 감람나무에 접붙이심을 받으랴 〈롬 11:24〉

8. 오늘 말씀은 고린도후서 4:16~18
'겉사람과 속사람'에 관한 말씀입니다

사도바울은 우리가 사방으로 우겨쌈을 당하여도 낙심하지 않는 것은 우리의 겉사람은 낡아지나 속사람은 날로 새로워지고 하나님의 영광 중에 거하여 영원한 생명의 면류관을 얻는 것임을 교훈합니다.

잠시 겪는 환난보다 지극히 크고 영원한 하나님의 영광을 이루게 하시는 하나님을 찬양합니다. 보이는 것은 잠깐이요 보이지 않는 것은 영원한 것으로 우리를 향한 하나님의 은혜와 사랑으로 우리를 인도하시는 하나님을 경외합니다.

새벽 레마의 말씀으로 아우카족을 전도하기 위하여 순교한 29세의 청년 짐 엘리엇이 남긴 '영원한 것을 위하여 영원하지 않은 것을 버리는 것은 바보가 아니다'라고 한 '전능자의 그늘'과 같은 삶을 다시 생각나게 하시니 무한 감사합니다. 영원한 것을 위하여 영원하지 않은 나의 시간, 물질, 내가 가진 모든 것, 달란트를 주를 위하여 쓰임 받는 삶을 살게 하시옵소서.

그러므로 우리가 낙심하지 아니하노니 우리의 겉사람은 낡아지나
우리의 속사람은 날로 새로워지도다 〈고후 4:16〉

9. 오늘 말씀은 요한복음 19:23~30
'다 이루었다'에 관한 말씀입니다

예수님이 십자가에 못박혀 죽으시며 하신 가상칠언 중 마지막으로 '다 이루었다' (헬라어 테텔레스타이)라고 말씀하셨습니다. 이는 그 당시 영수증에 '지불 완료'를 한 것으로 우리를 구원하시기 위하여 이 땅에 오신 목적을 이룬 것이며, 우리의 죄값을 치르시고 우리가 죄와 사망에서 생명으로 구원받은 복음의 진리를 완성하신 하나님의 뜻을 이루셨음을 교훈합니다.

세상 죄를 짊어지시고 예수 십자가 피값으로 우리를 구원하신 하나님을 찬양합니다. 우리에게 복음의 진리를 선포하시고 영혼 구원의 사명을 땅 끝까지 전파하라고 하신 하나님을 경외합니다.

영적 추수의 계절, 주님이 주신 복음 전파의 사명을 감당하기 위하여 지금 내가 갖고 있는 구원의 확신과 기쁨을 묻어 두지 말고 나가서 행동으로 전하게 하시옵소서. 십자가에 달려 죽기까지 우리를 사랑하신 하나님의 사랑과 은혜를 우리의 삶 속에서 감사함으로 복음을 전하는 사명을 감당하게 하시옵소서.

예수께서 신 포도주를 받으신 후에 이르시되 다 이루었다 하시고 머리를 숙이니 영혼이 떠나가시니라 〈요 19:30〉

10. 오늘 말씀은 고린도후서 4:16~18
'환난과 영광, 시간과 영원'에 관한 말씀입니다

사도 바울은 보이는 것은 잠깐이고 보이지 않는 것이 영원한 것으로 믿음의 눈으로 장차 나타날 하나님의 영광을 소망하라고 권면합니다. 하나님의 시간을 기뻐하며 현재의 환난은 경한 것으로 지나가고 장차 예비된 하나님의 영광이 중한 것임을 교훈합니다.

믿음 안에서 영원한 하나님의 시간인 카이로스를 경험하여 복된 삶을 살게 하시는 하나님을 찬양합니다.

현재의 고난이 연단 가운데 좋은 인격으로 소망이 되는 것은 번데기가 사투 속에 날개에 힘을 얻어 날 수 있듯 믿음으로 하나님의 영광을 보게 하시는 하나님을 경외합니다.

겉사람은 낡아지나 우리의 속사람은 날로 새로워지게 하시는 하나님의 은혜 가운데 있게 하시옵소서. 한 개의 작은 밀알에서 수많은 열매가 맺혀짐 같이 유한한 시간이 지나가고 영원한 하나님의 시간을 소망하며 우리를 새롭게 하시니 감사합니다. 영적 추수의 계절, 복음 전파의 사명을 감당하기 위하여 내가 갖고 있는 구원의 확신과 기쁨을 묻어 두지 말고 나가서 행동으로 전하는 하나님의 사람이 되게 하시옵소서.

> 우리가 주목하는 것은 보이는 것이 아니요 보이지 않는 것이니
> 보이는 것은 잠깐이요 보이지 않는 것은 영원함이라 〈고후 4:18〉

11. 오늘 말씀은 고린도전서 15:1~11 '증인의 삶'에 관한 말씀입니다

사도바울은 예수 그리스도의 죽음과 부활을 성경대로 우리의 죄를 위하여 예수님이 십자가에 못박혀 죽음과 사흘 만에 부활하심을 증거합니다. 여러 사람들(게바, 열두 제자, 5백여 형제, 야고보, 사도바울) 앞에 보여 부활이 역사적으로 증명된 사실임을 강론하며 우리들이 그리스도의 편지가 되어 복음의 증인된 삶을 살 것을 교훈합니다.

구약의 말씀(호6:2 욘1:19 시16:8~11)으로 예수님의 십자가 죽음과 부활을 예표하신 하나님을 찬양합니다. 이 세상에서의 삶이 끝이 아니라 복음의 진리를 믿으면 구원받고 영원한 생명을 얻어 천국 백성이 되게 하시는 하나님을 경외합니다.

성령 하나님 함께 하셔서 우리가 복음의 진리를 전하는 그리스도의 편지가 되어 증인된 삶을 살아갈 때에 하나님이 일하고 계심을 보게 하시옵소서. 주님이 주신 사명을 감당하기 위하여 나가서 전도할 때에 복음과 예수 이름의 능력이 나타나게 하시옵소서.

너희가 만일 내가 전한 그 말을 굳게 지키고 헛되이 믿지 아니하였으면 그로 말미암아 구원을 받으리라 〈고전 15:2〉

12. 오늘 말씀은 시편126:1~6
'눈물을 흘리며 씨를 뿌리는 자'에 관한 말씀입니다

이스라엘(남유다)이 멸하고 70년 동안 포로 귀환이 이루어지며 다니엘 에스겔 선지자의 기도가 있었던 것과 같이 하나님의 역사는 남은 자의 씨를 뿌린 터 위에 지속됩니다. 먹을 양식보다 심을 것을 남겨 놓는 양식으로 하나님께 드리는 영적인 복음의 씨앗이 그 결실이 맺어지며 순교의 피로 많은 영혼구원의 결실이 맺어지는 하나님의 섭리를 교훈합니다.

눈물로 씨를 뿌리는 자를 통하여 반드시 기쁨의 곡식단을 거두게 하시는 하나님을 찬양합니다. 주님이 주신 복음 전파의 사명을 감사와 기쁨으로 감당하며 우리를 축복의 통로로 사용하시는 하나님을 경외합니다.

가을밤의 콘서트가 교회의 문턱을 넘어 하나님을 만나는 마중물이 되게 하셔서 새생명 전도주일 많은 믿지 않는 사람들이 함께 하나님께 감사와 영광 돌리는 천국잔치가 되게 하시옵소서. 새벽 제단 레마의 말씀으로 우리의 눈과 귀를 열어 새벽이슬과 같은 귀한 은혜의 시간이 되게 하시옵소서.

여호와는 나의 목자시니 내게 부족함이 없으리로다 그가 나를 푸른 풀밭에 누이시며
설 만한 물가로 인도하시는도다 <시편 23:1~2>

13. 오늘 말씀은 사도행전 9:10~19
'비상한 만남'에 관한 말씀입니다

사도 바울이 다메섹 도상에서 예수님을 만나 사흘 동안 보지 못하고 먹지도 마시지도 못하는 사울에게 아나니아를 통해 안수하시고 예수를 핍박하던 그 삶의 방향을 틀어 하나님의 택한 그릇으로, 사명자로 서게 하시는 비상한 만남으로 하나님이 역사하심을 교훈합니다. 사람의 생각을 뛰어넘는 하나님의 뜻으로 예수를 핍박하는 사울이 변하여 새 사람 사도바울로 세우시는 하나님을 찬양합니다.

신앙은 우리의 안목을 바꾸고 전도는 자신의 판단과 뜻을 따르는 것이 아니라 하나님의 뜻을 따라 행할 때 하나님의 은혜로 이루시는 하나님의 섭리를 깨닫게 하시니 감사합니다.

하나님이 택하신 그릇 사도바울을 통하여 사명자의 길을 걷게 하시고 그의 유별난 특심을, 방향을 틀어 하나님의 사람으로 전도의 사명을 감당케 하시는 하나님을 경외합니다.

임마누엘의 하나님,
새생명전도 마지막 축제의 날과 함께 하셔서 성령의 기름 부으시고 믿지 않는 영혼이 구원받는 역사가 있도록 큰 은혜 내려 주시옵소서.

주께서 이르시되 가라 이 사람은 내 이름을 이방인과 임금들과
이스라엘 자손들에게 전하기 위하여 택한 나의 그릇이라 〈행 9:14〉

14. 오늘 말씀은 사무엘상 15:1~9
'사울의 불순종'에 관한 말씀입니다

사울은 하나님의 사람 사무엘을 통하여 아말렉을 진멸하라는 명령을 수행하며 양과 소의 좋은 것을 남겨 놓고 하찮은 것을 진멸하여 자신의 생각대로 하나님의 말씀에 불순종합니다. 하나님의 은혜로 기름부음 받아 왕으로 세웠으므로 하나님의 말씀에 온전히 순종해야 함을 교훈합니다 .

하나님의 은혜는 온전한 순종으로 자신의 생각을 버리고 하나님의 말씀에 전적으로 순종하는 것임을 깨닫게 하시는 하나님을 찬양합니다. 부족하고 연약하여 불순종한 우리에게도 오래 참으셔서 돌이켜 회개함으로 우리를 구원하시고 새롭게 하시는 하나님을 경외합니다.

긍휼과 용서의 하나님이 값없이 주신 은혜로 우리의 불순종을 회개하게 하시고 왕 같은 제사장으로 살게 하는 은혜에 합당한 삶을 살게 하시옵소서. 하나님 은혜에 감사하여 예수 그리스도 십자가 사랑과 복음을 증거하는 삶을 살게 하시옵소서.

사무엘이 사울에게 이르되 여호와께서 나를 보내어
왕에게 기름을 부어 그의 백성 이스라엘 위에 왕으로 삼으셨은즉
이제 왕은 여호와의 말씀을 들으소서 〈삼상 15:1〉

15. 오늘 말씀은 로마서 12:1~13
'하나님이 주신 선물-은사'에 관한 말씀입니다

은혜는 헬라어 카리스로 하나님이 값없이 주신 은총이며 하나님의 은혜 입은 자에게 주어지는 은사(카리스마, 카리스마타)를 땅에 묻어 두지 말고 교회공동체를 위하여 사용하라는 교훈입니다.

구원의 은혜가 있는 우리는 각자의 믿음의 분량대로 하나님이 내게 주신 은사를 교회 공동체를 위하여 사용하게 하시는 하나님을 찬양합니다. 성도의 삶 가운데 그리스도의 지체로서 내게 주신 은사를 하나님의 영광을 위하여 감사와 기쁨으로 사용케 하시는 하나님을 경외합니다.

예언과 섬김, 가르침과 위로, 구제와 나눔, 다스림과 긍휼 가운데 각자의 은사로 교회와 가정과 이웃을 새롭게 하고 변화되게 하는 축복의 통로가 되게 하시옵소서. 하나님의 뜻을 분별하여 영적 예배를 드리며 찬양과 기도와 감사로 우리를 새롭게 하시고 변화되게 하시옵소서. 하나님의 은혜 가운데 LT를 잘 마치게 하시고 반석 위의 믿음으로 공동체를 세워가시는 하나님의 섭리에 감사와 영광과 존귀를 드립니다.

그러므로 형제들아 내가 하나님의 모든 자비하심으로 너희를 권하노니
너희 몸을 하나님이 기뻐하시는 거룩한 산 제물로 드리라
이는 너희가 드릴 영적 예배니라 〈롬 12:1〉

16. 오늘 말씀은 사무엘상 15:10~23
'사울의 불순종에 대한 심판'에 관한 말씀입니다

사울은 아말렉을 진멸하라는 하나님의 명령에 자신의 기준으로 소와 양등 좋은 것을 취하고 갈멜에 자신을 위하여 기념비를 세워 하나님의 명령에 불순종하고 회개하지 아니하므로 하나님이 사울을 왕에서 버리시는 심판을 하시는 교훈입니다.

순종이 제사보다 낫고 듣는 것이 숫양의 기름보다 나음을 깨닫게 하시는 하나님을 찬양합니다. 진정한 회복은 혈과 육에 있는 것이 아니라 사단의 유혹을 물리치고 영적 전쟁에서 승리하는 것이고 죄를 변명하지 않고 즉시 회개하는 것임을 알게 하시는 하나님을 경외합니다.

부족하고 연약한 우리를 택하여 하나님 말씀을 청종하는 하나님의 사람이 되게 하시옵소서. 이 새벽 레마의 말씀으로 하나님의 세미한 음성을 듣게 하시고 우리를 돌아보게 하셔서 변명보다 회개케 하시는 하나님을 만나게 하시니 감사와 영광과 존귀를 드립니다.

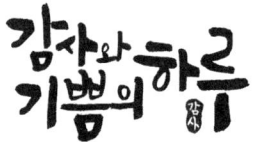

항상 기뻐하라 쉬지 말고 기도하라 범사에 감사하라
이것이 그리스도 예수 안에서 너희를 향하신 하나님의 뜻이니라 <대전 5:16~18>

17. 오늘 말씀은 고린도후서 10:12~18
'주안에서 자랑하라'는 말씀입니다

바울은 고린도교회 거짓 교사들을 향하여 사람을 겉모습으로 판단하지 말고 그리스도에 속한 사람인가의 기준으로 주님을 찬양하고 자랑하는 자로 내 기준과 자기중심성이 아닌 하나님이 주신 범위의 한계 내에서 자랑하라고 교훈합니다.

내게 주신 직분과 사명을 감당하며 하나님의 영광을 드러내고 높이는 주님이 자랑하는 복음적인 사람으로 살게 하시는 하나님을 찬양합니다.

육적이고 세상적인 권위와 자랑이 아닌 영적이고 복음적인 수고와 헌신으로 믿음이 확장되어 주님이 인정하고 나를 빛나게 하는 하나님의 사람이 되게 하시옵소서.

교회 공동체 안에서 쓴 뿌리를 캐어 누군가를 평가하기보다는 공을 기억하여 격려와 감사로 덕을 세우는 건강하고 정직한 사랑의 교회가 되게 하시옵소서. 나를 드러내는 자기중심성과 내 기준을 하나님 앞에 내려놓고 자신을 돌아보게 하시고 하나님의 뜻이 어디에 있는지 분별하는 지혜를 허락하시어 우리를 새롭게 하시옵소서.

우리는 남의 수고를 가지고 분수 이상의 자랑을 하는 것이 아니라
오직 너희 믿음이 자랄수록 우리의 규범을 따라
너희 가운데서 더욱 풍성하여지기를 바라노라 〈고후 10:12〉

18. 오늘 말씀은 로마서 12:14~21 '골수 그리스도인'에 관한 말씀입니다

바울은 그리스도 안의 새 생활로 내 방식대로 내 욕망대로 살지 말고 나보다 남을 더 낮게 여기는 삶을 살아 관계 회복을 통하여 화목한 삶을 살 것을 교훈합니다.

다른 사람과 화목하기 위하여 그 사람의 아픔을 공감하므로 서로 소통하고 낮은 자를 향하여 겸손하므로 용기와 희망을 주는 예수 그리스도의 DNA를 가진 그리스도인으로 살게 하시는 하나님을 찬양합니다. 우리를 핍박하는 사람을 선대하고 미워하는 자를 축복하는 예수 그리스도 십자가의 길을 걸으며 사랑으로 섬겨 악을 선으로 이기게 하시는 하나님을 경외합니다.

삶 속에서 핍박하고 미워하는 자를 만날 때 악을 심판하시는 하나님께 맡기고 사랑으로 섬겨 화평케 하는 하나님의 사람이 되어 승리하는 삶을 살게 하시옵소서. '할 수 있거든 너희로서는 모든 사람으로 더불어 평화하라' (롬12:18)는 말씀에 순종하여 실천함으로 주님 주시는 축복이 차고 넘치는 삶으로 인도하여 주시옵소서.

너희를 박해하는 자를 축복하라 축복하고 저주하지 말라
즐거워하는 자들과 함께 즐거워하고 우는 자들과 함께 울라 〈롬 12:14~15〉

19. 오늘 말씀은 고린도후서 11:16~33
'바울의 참된 자랑'에 관한 말씀입니다

바울은 참된 사도의 특징으로 죄를 향한 미움과 질투, 거룩함을 향한 열심과 거짓 선지자를 향한 질투와 영혼 사랑, 그리스도의 복음의 진리를 위하여 한결같은 열심으로 사역을 감당하는 것이라고 강론하며 사도바울은 오늘 말씀 '바보 설교'의 변증을 통하여 주를 위하여 핍박받고 교회를 위하여 고통받고 고난 받음을 자랑하며, 예수님을 만나 그리스도의 남은 고난을 채워가는 그리스도의 사도된 증표를 교훈합니다.

그리스도의 참된 제자로 자기 십자가를 지고 교회를 향한 불붙는 마음이 사랑과 열정으로 핍박받고 굶고 춥고 헐벗는 육체의 고통과 고난을 견디게 하시는 하나님을 찬양합니다. 교회를 위한 염려로 고통과 고난을 견디게 하시고 참사도의 사명을 감당하게 하셔서 건강한 교회를 세우시는 하나님을 경외합니다.

부족하고 연약한 우리가 십자가 복음의 진리를 붙잡고 그리스도의 사도된 증표를 따라 참 그리스도인으로 살게 하시옵소서.

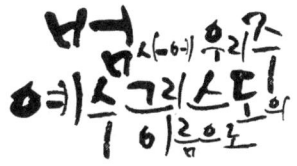

범사에 우리 주 예수 그리스도의 이름으로 항상 아버지 하나님께 감사하며 <엡 5:20>

20. 오늘 말씀은 요한복음 21:17~19
'나를 따르라'에 관한 말씀입니다

부활하신 예수님이 디베랴 바닷가의 제자들 앞에 나타나 만선의 기적을 베푸신 후 잡은 물고기로 숯불에 구워 조반을 먹이신 후 베드로에게 '요한의 아들 시몬아 네가 나를 사랑하느냐'라고 세 번 물으시며 닭이 울기 전 예수님을 세 번 부인하며 저주하며 배반했던 베드로를 사랑으로 치유와 회복케 하시며 '내 양을 먹이라 자기 십자가를 지고 나를 따르라(헬라어 아콜루데오: 자기 십자가를 지고 예수님의 길을 좇는 삶)'고 교훈하십니다.

주님을 사랑하는 조건으로 말씀에 순종하여 예수님을 따를 때 하나님의 은혜와 능력을 나타나게 하시는 하나님을 찬양합니다. 사랑으로 영혼 구원의 사명을 감당케 하시는 하나님을 경외합니다.

부족하고 연약한 우리를 택하시고 하나님 사랑을 알게 하시고 축복의 통로로 사용하셔서 영혼 구원의 사명을 이루게 하시는 하나님께 존귀와 영광과 감사를 드립니다.

주님이 우리를 사랑한 것과 같이 서로 사랑하게 하셔서 '나를 따르라'고 말씀하신 예수님을 닮는 삶을 살게 하시옵소서.

> 세 번째 이르시되 요한의 아들 시몬아 네가 나를 사랑하느냐 하시니
> 주께서 세 번째 네가 나를 사랑하느냐 하시므로 베드로가 근심하여 이르되
> 주님 모든 것을 아시오매 내가 주님을 사랑하는 줄을 주님께서 아시나이다
> 예수께서 이르시되 내 양을 먹이라 〈요 21:17〉

21. 오늘 말씀은 고린도후서 13:1~10 '믿음 안에 있는가 확정하라'에 관한 말씀입니다

바울은 고린도교회의 거짓선지자에 대한 바울의 사도됨을 변증하며 In Christ 내가 주님 안에 거하므로 몸이 거룩한 하나님의 성전이며 기름부음으로 성령이 역사하시므로 양들이 목자의 소리를 듣는 것과 같이 하나님의 음성을 듣고 청종하는 하나님의 사람이 되라고 권면합니다. 내 안에 거룩한 성령이 임하여 말씀 가운데 보혜사 성령이 임재하게 하시는 하나님을 찬양합니다.

우리가 말씀 안에 거하고 복음의 진리를 따라 예배자로 살게 하시는 하나님을 경외합니다. 우리가 빛 가운데 있으므로 형제를 미워하는 자로 어둠에 있지 않고 하나님 안에서 서로 화평케 하는 자로 그리스도의 사랑을 실천하며 살게 하시옵소서

임마누엘의 하나님,
이 새벽 하나님의 세미한 음성을 듣게 하시고 믿음 가운데 겸손과 섬김, 나눔과 헌신의 복된 삶으로 선인도 하시니 감사드립니다. 하나님을 향한 우리의 열정과 사랑이 더 깊어지게 하시고 성령하나님 안에서 하나 됨을 지키는 교회 되게 하시옵소서.

우리가 하나님께서 너희로 악을 조금도 행하지 않게 하시기를 구하노니
이는 우리가 옳은 자임을 나타내고자 함이 아니라 오직 우리는
버림받은 자 같을지라도 너희는 선을 행하게 하고자 함이라 〈고후 13:7〉

22. 오늘 말씀은 고린도후서 13:11~12 '바울의 마지막 권고와 축복'에 관한 말씀입니다

바울은 2차 전도여행 시 고린도에 머물며(1년 6개월) 사역하며 유럽 선교의 교두보를 삼았으나 에베소에 있는 동안(3년) 고린도 교회가 거짓선지자들에 의해 바울의 사도권에 대한 불신으로 교회의 분파와 분란에 대해 책망과 눈물의 편지로 그리스도 안에서 화평하기를 변증하고 권면합니다.

디도를 통하여 성도들의 마음이 돌이켜 회개한 소식을 전해 들으며 In Christ 믿음 안에서 치유되고 회복하여 서로 위로하고 온전하게 되어 샬롬을 이루기를 축복하며 교훈합니다.

그리스도 안에서 회개의 열매로 거룩함을 회복하고 서로 품어 주고 칭찬과 격려로 한 형제가 되게 하시는 하나님을 찬양합니다.

하나님의 위로와 은혜로 코람데오 하나님 앞에서 흩어진 마음을 하나가 되게 하시는 하나님을 경외합니다.

우리 안에 성령의 위로가 함께 하심으로 갈등과 대립이 있어도 주 안에서 곧 서로 소통하고 화해하게 하시옵소서.

> 마지막으로 말하노니 형제들아 기뻐하라 온전하게 되며 위로를 받으며 마음을 같이하며 평안할지어다 또 사랑과 평강의 하나님이 너희와 함께 계시리라 거룩하게 입맞춤으로 서로 문안하라 〈고후 13:11〉

23. 오늘 말씀은 로마서 13:8~14
'구원은 사랑의 완성'에 관한 말씀입니다

성령과 사랑의 능력으로 하나님의 자녀가 되었으므로 우리는 사랑의 빚진 자이며 믿음으로 의롭게 되고 사랑을 실천하여 구원에 이르게 되므로 사랑은 구원의 완성이며 성경적인 사람은 악을 행하지 않고 능동적이고 적극적으로 하나님 사랑, 이웃 사랑을 실천하는 사람이라고 교훈합니다.

그리스도 십자가 복음이 내 안에 있고 성령님이 함께 함으로 사랑하면 죄와의 싸움에서 승리하고 사랑을 나누고 실천하게 하시는 하나님을 찬양합니다. 하나님 사랑은 이웃에게 악을 행하지 않고 그 사랑으로 율법의 완성을 이루게 하시는 하나님을 경외합니다.

믿음과 사랑과 구원의 확신으로 나눔과 섬김을 실천하는 성경적인 사람으로 살게 하시옵소서. 우리가 사랑의 빚진 자로 매서운 칼바람과 한파로 추운 겨울을 힘겹게 살아가는 쪽방촌 사람들에게 하나님 사랑을 전하고 이웃 사랑을 나누고 실천함으로 따뜻한 겨울이 되게 하시옵소서.

당신이 있어 행복해요 감사

복 있는 사람은 악인들의 꾀를 따르지 아니하며 죄인들의 길에 서지 아니하며 오만한 자들의 자리에 앉지 아니하고 오직 여호와의 율법을 즐거워하여 그의 율법을 주야로 묵상하는도다 <시편 1:1~2>

24. 오늘 말씀은 고린도후서 13:13
'축도-축복 선언'에 관한 말씀입니다

바울은 고린도교회 성도들을 향하여 '주 예수 그리스도의 은혜와 하나님의 사랑과 성령의 교통하심이 너희에게 함께 할지어다'라고 축도(benediction: 축복 선언)함으로 성도들이 하나님 안에서 은혜와 평강 가운데 있기를 권면합니다.

우리가 주께 예배하며 찬송하고 기도하고 헌금을 올려 드림으로 우리를 축복하시고 은혜를 내려 주시는 하나님을 찬양합니다. 공동체에 임하는 영으로 하나님의 사랑과 자격 없는 자에게 주시는 카리스로 교회를 교회 되게 하시는 하나님을 경외합니다.

부족하고 연약한 우리를 구원하신 하나님 은혜에 감사하여 우리가 서로 칭찬과 격려로 복을 빌어 그리스도의 선한 영향력으로 공동체를 새롭게 하시옵소서. 시편 109편 16~17 '그가 저주하기를 좋아 하더니 그것이 자기에게 임하고 축복하기를 기뻐하지 아니하더니 복이 그를 멀리 떠났으며 또 저주하기를 옷 입듯 하더니 저주가 물같이 그의 몸 속으로 들어가며 기름같이 그의 뼈 속으로 들어갔나이다'는 말씀을 청종하여 우리의 혀와 입이 성령의 기름부음을 받아 선한 말과 온전한 마음으로 새롭게 하시고 변화되게 하시옵소서.

주 예수 그리스도의 은혜와 하나님의 사랑과 성령의 교통하심이
너희 무리와 함께 있을지어다 〈고후 13:13〉

25. 오늘 말씀은 사무엘상 16:14~23
'번뇌하는 사울을 돕는 성령의 사람 다윗'에 관한 말씀입니다

사울의 교만과 불순종으로 하나님의 영이 떠나고 번뇌(걱정, 근심, 염려)가 커져 하나님이 기름부은 다윗이 수금을 타 악령이 떠나가므로 성령 하나님이 함께 하심으로 온전케 하심을 교훈합니다.

거룩하신 하나님의 영이 내 안에 계심으로 우리를 새롭게 하시고 자유케 하시는 하나님을 찬양합니다.

성령이 함께 하심과 도와주심을 간구할 때 임마누엘의 하나님이 우리와 함께 하심 가운데 우리를 지키고 보호하시는 하나님을 경외합니다.

하나님의 선한 영향력이 우리에게 흘러 축복의 통로가 되게 하시옵소서. Leadership Training이 하나님의 선한 영향력이 되어 공동체에 흘러 하나님의 은혜와 능력을 체험하고 실천하는 청년부가 되게 하시옵소서.

평화의 왕으로 오신 예수님을 기대하고 기다리는 대림절 기간 경건하므로 2천 년 전 시므온과 안나처럼 하나님의 영광을 보는 참그리스도인이 되게 하시옵소서.

여호와의 영이 사울에게서 떠나고
여호와께서 부리시는 악령이 그를 번뇌하게 한지라 〈삼상 16:14〉

26. 오늘 말씀은 로마서 14:13~23
'신앙의 선명한 기준'에 관한 말씀입니다

사도 바울은 로마교회의 고기먹는 문제에 대하여 예수 그리스도 십자가 대속의 사건 이후 속된(부정한) 것은 없으나 하나님의 영광을 위하여 이를 꺼리는 형제가 실족하지 않게 먹지 말라고 교훈합니다.

예수 십자가 죽음의 대속의 은혜로 우리가 율법주의에 얽매이지 않고 복음을 믿기만 하면 우리를 의롭게 하신 하나님을 찬양합니다. 우리의 삶 가운데 하나님의 백성으로서 지켜야 할 신앙의 기준을 '예수 그리스도를 위한 것인가'와 '형제 사랑'의 선명한 기준을 주신 하나님을 경외합니다.

형제가 실족하지 않게 하기 위하여 하나님 사랑으로 자유를 제한하여 형제 사랑을 실천하게 하시옵소서. 선교와 이웃을 돕는 구제를 위해 거룩한 성전을 허락하신 하나님의 섭리를 깨닫게 하시니 감사합니다. '다시 복음으로' 달려온 우리의 열정과 노력이 부끄러워하지 않는 믿음으로 공동체를 새롭게 하고 변화되게 하는 축복의 통로가 되게 하시옵소서.

야베스가 이스라엘 하나님께 아뢰어 이르되 주께서 내게 복을 주시려거든 나의 지역을 넓히시고 주의 손으로 나를 도우사 나로 환난을 벗어나 내게 근심이 없게 하옵소서 하였더니 하나님이 그가 구하는 것을 허락하셨더라 <역대상 4:10>

27. 오늘 말씀은 갈라디아서 2:20
'이신칭의 Justification by faith'에 관한 말씀입니다

이방인의 사도 바울이 게바가 안디옥에서 이방인과 함께 교제하며 먹다가 예루살렘의 유대인들이 오자 할례자들을 두려워하여 자리를 피하는 것을 보고 사람을 의식하여 외식하지 마라고 책망하며 율법대로 행하는 행위가 아니라 복음을 믿는 믿음으로 구원 받음을 권면합니다. 영적 지도자는 선한 영향력을 끼쳐야 하므로 사람을 의식하여 외식하지 말고 옛 습관, 옛 것을 버리고 내가 사는 것이 아니라 내 안에 예수 그리스도가 사는 것으로 오직 믿음으로서 의롭게 됨을 교훈합니다.

연약하고 부족한 우리가 하나님의 은혜와 능력으로 성령의 인도하심을 따라 하나님의 뜻을 행하는 도구가 되게 하시는 하나님을 찬양합니다.

나는 죽고 예수그리스도가 내 안에 계시므로 옛 것을 버리고 말씀을 청종하게 하시는 하나님을 경외합니다.

우리 안에 성령이 충만하여 고난이 유익이 되고 도구가 되어 하나님을 증거하는 삶을 살게 하시옵소서.

내가 그리스도와 함께 십자가에 못 박혔나니
그런즉 이제는 내가 사는 것이 아니요 오직 내 안에 그리스도께서 사시는 것이라
이제 내가 육체 가운데 사는 것은 나를 사랑하사 나를 위하여
자기 자신을 버리신 하나님의 아들을 믿는 믿음 안에서 사는 것이라 〈갈 2:20〉

28. 오늘 말씀은 사무엘상 17:11~27
'부르심에 합당한 삶'에 관한 말씀입니다

다윗이 하나님의 부르심을 받은 왕이지만 사울의 악령을 쫓아내는 궁중악사로, 아버지 이새의 양을 치는 목동으로, 전쟁터에서 블레셋군과 싸우고 있는 형들에게 도시락을 전하는 일상의 삶을 충실히 수행하며 골리앗이 이스라엘과 하나님의 군대를 모욕하자 다윗은 자신의 생명을 내놓고 하나님의 영광을 위하여 싸우는 하나님의 사람임을 교훈합니다.

부르심에 합당한 삶을 살기 위하여 일상의 자리에서 최선을 다하게 하시는 하나님을 찬양합니다. 부르심에 합당한 삶은 어떤 희생 가운데 세상에서 얻게 될 보상의 관심보다 오직 하나님의 영광을 위하여 생명까지도 두려워하지 않고 나아가게 하시는 하나님을 경외합니다.

삶 속에서 하나님의 영광을 위하여 어떠한 댓가 지불을 두려워하지 않는 삶을 살게 하시옵소서. 지회친선을 준비하는 가운데 함께 하는 모든 성도들이 성령의 기름 부으심이 있게 하시고 하나님의 영광을 위하여 자신의 시간과 노력 재능을 아낌없이 하나님께 올려드려 부르심에 합당한 삶을 사는 하나님의 사람이 되게 하시옵소서. 부족하고 연약한 우리가 하나님의 영광을 위하여 나아갈 때 하나님이 우리를 위하여 일하고 계심을 믿고 의지하며 어떤 댓가 지불도 두려워하지 않는 삶을 살게 하시옵소서.

> 다윗이 곁에 서 있는 사람들에게 말하여 이르되 이 블레셋 사람을 죽여 이스라엘의 치욕을 제거하는 사람에게는 어떠한 대우를 하겠느냐 〈삼상 17:26〉

29. 오늘 말씀은 갈라디아서 3:15~27
'오래된 미래:언약'에 관한 말씀입니다

사도 바울은 복음에 관하여 계속되는 변증 가운데 율법 이전에 믿음의 조상 아브라함에게 하나님이 하신 약속의 말씀(창 15:6 '아브람이 여호와를 믿으니 여호와께서 이를 그의 의로 여기시고')이 있었음을 강론하며 네 자손이 하늘의 별과 같이 하나님이 주리라 약속하신 땅에서 창대하리라는 언약을 아브라함과 그 자손 - 장차 오실 그리스도를 가리킴으로 행위나 율법으로가 아닌 그리스도를 믿는 믿음으로 의롭다 함을 얻는 하나님의 섭리(이신칭의)를 교훈합니다.

오직 하나님을 믿는 믿음으로 우리를 새롭게 하시는 하나님을 찬양합니다. 하나님의 말씀과 약속이 이루어지심을 믿는 믿음으로 구속의 은총인 복음의 진리를 깨닫게 하시는 하나님을 경외합니다.

성탄의 계절, 오래 전 아브라함에게 하신 약속의 말씀이 이루어져 이 땅에 아기 예수로 오신 독생자 예수 그리스도의 십자가 대속의 은혜로 우리를 죄와 사망에서 자유케 하신 하나님의 구속의 은총에 감사와 영광과 존귀를 드립니다.

부족하고 연약한 우리의 입술로 감사와 찬양을 드리오니 우리를 긍휼히 여기시어 하나님의 은혜로 우리의 몸과 마음을 정결케 하시옵소서.

> 형제들아 내가 사람의 예대로 말하노니 사람의 언약이라도 정한 후에는
> 아무도 폐하거나 더하거나 하지 못하느니라 〈갈 3:15〉

30. 오늘 말씀은 여호수아 1:10~18
'신실하신 하나님의 언약'에 관한 말씀입니다

여호수아가 하나님이 약속하신 땅을 정복하기 위하여 백성들에게 명령하며 신실하신 하나님의 말씀에 즉각 반응하고 약속의 말씀에 순종할 때 신실하신 약속의 말씀이 꼭 이루어짐을 교훈합니다.

신실하신 하나님의 약속을 믿고 의지하며 순종할 때 건널 수 없는 강을 건너게 하시는 하나님을 찬양합니다. 짙은 어둠 속에서도 신실하신 하나님 말씀을 붙들고 달려 나아갈 때 새로운 비전과 은혜로 빛을 보게 하시는 하나님을 경외합니다.

신실하신 하나님이 함께 하심을 믿음으로 우리를 강하고 담대하게 하시옵소서. 우리가 처한 환경과 여건을 뛰어 넘어 신실하신 약속이 성취되어 우리를 새롭게 하시는 하나님께 감사와 영광과 존귀를 드립니다. 예수 그리스도가 이 땅에 오심을 기뻐하며 준비하는 지회친선 과정에 기름 부으셔서 준비하는 손길들을 기억하시고 은혜를 내려 주시옵소서.

여호와의 종 모세가 너희에게 명령하여 이르기를
너희의 하나님 여호와께서 너희에게 안식을 주시며
이 땅을 너희에게 주시리라 하였나니 너희는 그 말을 기억하라 〈수1:13〉

3장 사랑

사랑하는 자들아
하나님이 이같이 우리를 사랑하셨은즉
우리도 서로 사랑하는 것이 마땅하도다
<요한일서 4:11>

3-1. 오늘 말씀은 마태복음 2:1~12
'의인의 길'에 관한 말씀입니다

2천년 전 페르시아 종교 지도자 동방박사가 메시아 탄생의 소식을 듣고 별의 인도하심을 따라 예수님께로 나아갑니다. 동방박사의 900km 여정은 인생을 건 모험으로 유대 땅 베들레헴의 마굿간의 아기 예수를 경배하기 위한 길을 따라 하나님의 인도하심으로 황금(왕권)과 유향(신성)과 몰약(고난과 죽음과 부활)의 영광을 드려 아기 예수의 탄생을 크게 기뻐하는 의인의 길을 교훈합니다.

주님을 향한 인생은 하나님의 때에 제 자리에 있게 하셔서 의인의 길로 인도하시는 하나님을 찬양합니다.

우리의 삶 속에서 갈림길과 막힌 길을 만날 때 하나님을 의지하여 나아감으로 빛을 따라 의인의 길로 인도하시는 하나님을 만나게 하시옵소서.

부족하고 연약한 우리를 불쌍히 여기시어 악인의 길에 있지 않게 하시고 의인의 길로 인도하시옵소서. '지극히 높은 곳에서는 하나님께 영광이요 땅에서는 하나님이 기뻐하신 사람들 중에 평화로다 하니라'(눅2:14) 메시아 예수 그리스도의 탄생을 기뻐 찬양합니다. 우리를 구원하시기 위하여 이 땅에 오신 하나님을 찬양함으로 우리를 새롭게 하시옵소서.

> 그들은 꿈에 헤롯에게로 돌아가지 말라 지시하심을 받아
> 다른 길로 고국에 돌아가니라 〈마 2:12〉

2. 오늘 말씀은 사무엘상 17:28~40
'거룩한 분노'에 관한 말씀입니다

다윗은 그의 형 엘리압이 다윗에게 자신의 감정의 세상적인 분노와 다르게 분노의 대상을 골리앗이 아닌 살아계신 하나님의 이스라엘 군대를 모욕하며 하나님의 이름을 더럽히는 것에 대한 거룩한 분노를 함의 교훈입니다.

하나님의 이름과 영광을 위하여 분노하는 하나님의 사람을 도우시고 인도하시는 신실하신 하나님을 찬양합니다.

우리의 삶 가운데 내가 감당하기 힘든 골리앗과 같은 어려움과 두려운 일을 만날 때 신실하신 하나님을 의지하여 하나님이 일하시고 나와 함께 하심으로 담대하게 나아가 싸워 승리하는 하나님의 사람이 되게 하시옵소서. 하나님의 이름과 영광을 위하여 거룩한 분노로 싸워 승리하는 하나님의 도구가 되게 하시옵소서. 지금까지 우리를 인도하신 신실하신 하나님이 오늘 우리의 삶 가운데 골리앗과 같은 문제를 주관하시고 승리케 하시는 하나님이심을 믿고 의지하는 삶을 살게 하시옵소서.

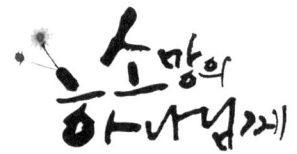

소망의 하나님이 모든 기쁨과 평강을 믿음 안에서 너희에게 충만하게 하사
성령의 능력으로 소망이 넘치게 하시기를 원하노라 <롬 15:13>

3. 오늘 말씀은 갈라디아서 6:6~10 '심은 대로 거둔다'에 관한 말씀입니다

사도 바울은 가르치는 자는 영적 아버지로 좋은 말씀을 나누고 가르침을 받는 자도 존경과 사랑함으로 서로 유익하여 사랑하는 관계를 맺으라고 권면합니다. 자기의 육체를 위하여 심는 자는 썩어질 것을 거두고 성령을 위하여 심는 자는 성령으로부터 영생을 얻어 심은 대로 때가 되면 거두게 하시는 하나님의 섭리를 교훈합니다.

코람데오 책임있는 입술과 말과 행동으로 선한 영향력을 나타나게 하시는 하나님을 찬양합니다.

우리 마음에 심지 않고 거두려는 도둑 심보를 경계하고 없게 하시옵소서. 눈물을 흘리며 씨를 뿌려 때가 되면 선한 열매를 거두는 하나님의 사람이 되게 하시옵소서. 심은 후에도 땀 흘려 가꾸는 노력으로 때가 되면 거두게 하시는 하나님의 은혜 가운데 있게 하시옵소서. 경건 훈련을 함으로써 영성을 유지하는 성도가 되게 하시옵소서.

스스로 속이지 말라 하나님은 업신여김을 받지 아니하시나니
사람이 무엇으로 심든지 그대로 거두리라 〈갈 6:7〉

4. 오늘 말씀은 사도행전 1:21~22
'사도'에 관한 말씀입니다

사도는 예수님의 부활 승천하심을 증거하는 증인으로 예수님과 동거 동락한 사람이며 예수님의 사랑과 긍휼, 예수님의 삶과 사역을 보고 듣고 함께 하고 순교하였으므로 이를 붙좇아 우리가 그 사도의 삶을 살 것을 교훈합니다.

사도를 통하여 예수님의 십자가 죽음과 부활을 증거하며 예수님의 선택과 능력이 나타나게 하시고 사도적인 권능으로 하나님의 영광을 보게 하시는 하나님을 찬양합니다. 세상 속으로 나아가 복음을 선포하고 하나님을 증거하는 사도의 삶을 붙좇아 하나님 나라와 역사를 이루게 하시는 하나님을 경외합니다.

복음을 들고 세상 속으로 나아가 하나님을 증거하는 하나님의 사람이 되게 하시옵소서. 신년 특새를 통하여 급하고 강한 바람같이 성령이 충만하게 하시옵소서. 지금 여기까지 우리를 인도하신 에벤에셀의 하나님께 감사하여 세상으로 나아가 복음을 증거하는 삶을 살게 하시옵소서. 믿음의 그루터기인 다음세대가 신실하신 하나님을 전적으로 의지하고 사도적인 신앙을 결단하게 하시옵소서.

항상 우리와 함께 다니던 사람 중에 하나를 세워 우리와 더불어 예수께서 부활하심을 증언할 사람이 되게 하여야 하리라 하거늘 〈행 1:22〉

5. 오늘 말씀은 로마서 15:14~21
'복음의 제사장 직분'에 관한 말씀입니다

사도 바울은 동부 지중해 지역의 전도를 마치고 고린도에서 로마교회를 갈 계획 중에 로마 교인들에게 복음을 전하고 싶은 마음을 편지로 자신이 왜 로마에 가야 하고 거기서 무엇을 하고 싶은지에 대한 복음의 제사장 직분자의 사명에 대하여 강론합니다.

복음의 제사장 직분이 이방인을 전도하여 믿지 않는 자들에게 영적 예배를 통하여 구원의 기쁨을 회복케 하는 것임을 깨닫게 하시는 하나님을 찬양합니다. 성령의 도우심으로 하나님의 은혜 가운데 있게 하셔서 복음 전파의 사명을 감당하며 십자가에 달리신 예수님을 자랑하며 복음을 증거하는 삶으로 인도하시는 하나님을 경외합니다.

잃어버린 한 영혼을 주님께 인도하는 사명을 감당하는 전도의 도구가 되게 하시옵소서. 오늘 레마의 말씀을 통하여 하나님이 우리에게 주신 가장 존귀한 직분이 영혼 구원의 전도자의 삶을 사는 것임을 깨닫게 하시는 하나님께 감사와 영광과 존귀를 드립니다.

성령의 인도하심을 따라 우리가 약할 때 강함 주시고 우리를 하나님의 은혜로 성령의 능력 안에 머무는 삶을 살게 하시옵소서.

기록된 바 주의 소식을 받지 못한 자들이 볼 것이요
듣지 못한 자들이 깨달으리라 함과 같으니라 〈행 15:21〉

6. 오늘 말씀은 여호수아 2:15~24
'붉은 줄-라합의 믿음'에 관한 말씀입니다

여호수아가 여리고에 정탐꾼을 보내 기생 라합의 집에 유숙하고 라합의 도움으로 여리고 군사들을 피해 복귀하게 한 일로 라합의 집에서 내린 '붉은 줄'로 여리고 성이 함락될 때 라합과 그의 가족이 모두 구원받게 됩니다.

성벽 창문에 내린 '붉은 줄'의 증표로 기생 라합의 믿음을 보게 하시고 유월절 어린 양의 피와 예수 십자가 죽음의 보혈의 피의 구원의 영광을 나타내시는 하나님을 찬양합니다. 이방 땅에서 라합의 믿음으로 요단을 건너고 그 믿음이 흘러 예수 십자가 보혈의 피의 구원을 보게 하신 하나님을 경외합니다.

우리의 삶 가운데 '붉은 줄'로 하나님의 영광을 보게 하시옵소서. '붉은 줄' 가운데 소망(히:티크바)이 있음을 믿고 그 믿음의 거룩한 영향력이 흘러 하나님 자녀의 정체성을 가지고 복음을 들고 담대히 세상 속으로 나아가는 결단을 하게 하시옵소서.

교회 공동체 가운데 '붉은 줄'을 보게 하시고 인격적으로 하나님을 만나 영적 청년의 때에 진리의 빛을 따라 하나님의 꿈과 비전을 이루게 하시옵소서.

또 여호수아에게 이르되 진실로 여호와께서 그 온 땅을 우리 손에 주셨으므로 그 땅의 모든 주민이 우리 앞에서 간담이 녹더이다 하더라 〈수 2:24〉

7. 오늘 말씀은 시편 21:1~11
'승리에 대한 감사'에 관한 말씀입니다

다윗이 전쟁에서 승리한 후 하나님께 감사와 영광과 존귀와 찬양을 드립니다. 하나님을 신뢰하는 다윗왕을 여호와의 오른 손으로 붙드시고 그 마음의 소원과 입술의 요구에 응답하시므로 왕이 하나님께 기쁨과 감사와 찬양을 드림을 교훈합니다.

하나님의 은혜와 능력을 의지하므로 대적을 물리치고 승리하게 하셔서 기뻐 찬양하게 하시는 하나님을 경외합니다.

'For the king trusts in the LORD; through the unfalling love of the most high he will not be shaken' 왕이 여호와를 의지하오니 지존하신 이의 인자함으로 흔들리지 아니하리이다(7)라는 다윗의 고백이 오늘 나의 고백이 되게 하시어 어지러운 세상 중에 흔들림이 없는 믿음이 되게 하시옵소서.

여호와는 나의 목자시니 내게 부족함이 없으리로다 그가 나를 푸른 풀밭에 누이시며
쉴 만한 물가로 인도하시는도다 <시편 23:1~2>

8. 오늘 말씀은 빌레몬서 1:15~25
'하나님의 뜻을 찾고 사랑을 실천하는 사람'에 관한 말씀입니다

바울은 감옥에서 자신이 전도한 그리스도인이며 부유한 사업가 빌레몬에게 편지하며 또한 자신이 전도한 오네시모가 빌레몬의 종으로 도망한 자이지만 그에게 자유를 주고 용서하여 그리스도 안에서 한 형제이며 사랑할 것을 권면합니다. 하나님 안에서 인간 관계는 새롭게 변화하며 그리스도인은 서로 한 형제이고 사랑하는 관계임을 교훈합니다.

주인과 종, 스승과 제자가 그리스도 안에서 동역자이며 한 형제임을 깨닫게 하시는 하나님을 찬양합니다.

그리스도 안에서 교회 공동체의 연합의 기초가 다양성에 있으므로 내 마음에 안 들어도 서로가 포용하고 배려하고 섬기는 형제 자매가 되게 하시옵소서. 예수 안에서 서로 사랑하는 형제 자매가 되게 하시옵소서.

사랑의 하나님,
형제 자매를 온전히 사랑하지 못하는 우리의 연약함을 아시오니 우리를 하나님의 긍휼로 서로 용납하고 세워주는 용기와 사랑을 품게 하시옵소서.

오네시모와 바울과 빌레몬의 관계변화가 교회 공동체가 추구하는 그리스도 안에서 에이레네를 이루는 마중물이 되게 하시옵소서.

우리 주 예수 그리스도의 은혜가 너희 심령과 함께 있을지어다 〈몬 1:25〉

9. 오늘 말씀은 사사기 1:1~10
'사명자와 선봉장과 함께하시는 하나님'에 관한 말씀입니다

사사시대는 여호수아가 이끄는 가나안 정복시대를 마치고 왕정시대 사이의 250여 년의 지혜자(가르치고 보호하고 갈등을 조정)들의 지파 공동체의 악행에 대한 악순환이 있고 하나님의 심판과 구원이 따릅니다. 선봉장 유다 지파를 통하여 가나안과 브리스 족속을 무찌르고 아도니 베섹을 멸하므로 헤브론을 차지하여 하나님이 함께 하실 때 승리함의 교훈입니다.

익숙함과 새로운 것이 공존하는 삶 속에서 우리를 도우시는 하나님의 손길을 따라 그 선봉에 서서 사명을 감당케 하시는 하나님을 찬양합니다.

하나님 말씀에 유다가 순종하여 싸울 수 있었던 것은 하나님이 그 땅을 그들 손에 넘겨주셨다는 것을 믿는 믿음이었음을 알게 하시는 하나님을 경외합니다.

유다 지파와 같이 삶 속에서 누구와 대적하기보다는 만군의 하나님이 나와 함께 하심을 믿고 나아가면 어떤 싸움도 넉넉히 이길 수 있음을 깨닫게 하시니 감사합니다. 부족하고 연약한 우리를 도우시는 하나님이 함께 하심이 은혜임을 고백하오니 언제나 우리와 함께 하여 주시옵소서.

> 여호와께서 이르시되 유다가 올라갈지니라 보라
> 내가 이 땅을 그의 손에 넘겨 주었노라 하시니라 〈삿 1:2〉

10. 오늘 말씀은 사사기 1:15~21
'믿음의 분량대로 역사하시는 하나님'에 관한 말씀입니다

갈렙이 드빌을 점령하는 자에게 사위를 삼겠다고 하자 옷니엘이 나서고 기럇세벨을 점령하여 악사를 아내로 맞이합니다. 악사의 지참금으로 남방(네게브:황무지) 땅과 샘물을 받아 지혜롭게 자손이 살아갈 방도를 구하여 하나님을 신뢰하여 순종하는 자에게 축복하시는 하나님의 섭리를 교훈합니다.

우리의 힘과 능력으로는 할 수 없지만 하나님이 함께 하시면 능치 못할 것이 없음을 깨닫게 하시는 하나님을 찬양합니다.

하나님의 약속보다 현실의 두려움이 크게 보이지 않도록 신실한 믿음을 허락하여 주시옵소서. 갈렙과 옷니엘, 악사와 같은 하나님 말씀에 순종하여 무엇을 구하든지 좋은 것으로 주시는 하나님을 신뢰하고 의지하게 하시옵소서. 하나님을 향한 믿음과 세상을 향한 당당함으로 승리하는 하나님의 사람이 되게 하시옵소서. 우리의 힘과 능력으론 할 수 없지만 전능하신 하나님을 바라보고 도전하는 믿음의 용사가 되게 하시옵소서.

이르되 내게 복을 주소서 아버지께서 나를 남방으로 보내시니
샘물도 내게 주소서 하매 갈렙이 윗샘과 아랫샘을 그에게 주었더라 〈삿 1:15〉

11. 오늘 말씀은 사사기 1:22~36
'작은 타협이 가져오는 영적 침체와 타락'에 관한 말씀입니다

요셉 지파는 벧엘(루스:척박한 땅)을 정복할 때 그 곳에 속한 사람과 타협을 하여 쫓아내지 못한 족속과 쫓아내지 않은 족속이 머물게 됩니다. 작은 타협으로 아셀과 납달리가 땅의 주권을 가나안 족속에게 내주고 단 지파는 분배받은 영토를 지키지 못하고 아모리 족속에 의해 산지로 쫓겨나게 되어 하나님의 명령을 따르지 않고 세상과 타협하므로 영적 침체와 타락함을 교훈합니다.

가나안 족속과 타협하지 말라는 하나님의 명령을 따르지 않음으로 세상과 타협했던 어리석음을 회개케 하시는 하나님을 찬양합니다.

하나님 말씀에 순종하지 않으면 거룩한 삶을 살 수 없음을 날마다 마음에 새기게 하시옵소서. 이 정도는 괜찮을 것이라는 안일한 생각으로 세상과 타협했던 우리의 어리석음을 회개하오니 우리가 하나님 말씀에 순종하여 온전한 믿음으로 나아가게 하시옵소서. 작은 타협이 죄악의 속성으로 영적 침체와 사망에 이르게 됨을 한시도 잊지 않게 하시옵소서.

요셉 가문도 벧엘을 치러 올라가니 여호와께서 그와 함께 하시니라 〈삿 1:22〉

12. 오늘 말씀은 사사기 2:1~10
'하나님 말씀을 저버린 다음 세대'에 관한 말씀입니다

여호와의 사자가 길갈에서 보김(:우는 자들)으로 올라와 말씀을 청종하지 않은 이스라엘 백성을 책망하시고 이에 백성이 소리높여 울며 다음세대가 하나님이 하신 일을 알지 못함으로 이들에 대한 영적 책임의 교훈입니다.

눈 앞에 보이는 이익과 탐욕으로 하나님께 불순종한 이스라엘 백성을 책망하시며 회개케 하시는 하나님을 찬양합니다. 가나안 땅의 농사 기술과 철병거와 이방신을 버리지 못한 불순종을 회개하게 하시는 하나님을 경외합니다.

눈에 보이는 땅은 전수되었지만 눈에 보이지 않는 신앙이 계승되지 못한 영적 침체를 다시 회복할 수 있는 지혜를 허락하여 주시옵소서. 가정과 교회 안에 다음세대가 하나님을 알지 못하는 다른 세대가 되지 않도록 믿음의 유산을 상속하게 하시옵소서. 믿음의 유산을 상속받는 것이 기쁨이고 소망이 되게 하시옵소서.

백성이 여호수아가 사는 날 동안과 여호수아 뒤에 생존한 장로들
곧 여호와께서 이스라엘을 위하여 행하신 모든 큰 일을 본 자들이 사는 날 동안에
여호와를 섬겼더라 〈삿 2:7~8〉

13. 오늘 말씀은 사사기 2:11~23
'진노에서 구원으로'에 관한 말씀입니다

이스라엘이 하나님을 떠나 풍요와 다산과 쾌락의 신 바알과 아스다롯을 섬겨 그들을 노략자의 손에 넘기고 다시 사사를 세워 하나님이 택하신 백성을 구원하심으로 하나님의 긍휼을 베푸심의 교훈입니다.

세상의 갈등 관계 속에서 하나님의 시선을 거쳐서 믿음의 눈으로 바라보게 하시는 하나님을 찬양합니다. 긍휼과 자비의 하나님이 우리의 교만으로 하나님과 멀어지는 관계를 불쌍히 여기셔서 택하신 백성을 구원하시는 하나님을 경외합니다.

우리의 형편과 필요를 아시는 하나님이 택하신 자녀의 부르짖음을 들으시고 우리의 믿음을 붙드시고 새롭게 하시니 감사합니다. 세상 유혹에 빠지지 않기 위하여 날마다 하나님 말씀을 가까이하고 청종하여 하나님의 시선을 거쳐 믿음의 눈을 갖게 하시옵소서. 주님은 나의 생명 나의 힘, 주님이 주시는 지혜로 우리를 새롭게 하시고 변화시켜 주시옵소서.

여호와께서 그 이방 민족들을 머물러 두사 그들을 속히 쫓아내지 아니하셨으며
여호수아의 손에 넘겨 주지 아니하셨더라 〈삿 2:23〉

14. 오늘 말씀은 사사기 3:12~31
'연약한 자를 도우시는 하나님'에 관한 말씀입니다

모압왕 에글론이 18년 동안 이스라엘 백성을 통치하였고 왼손잡이 에훗이 사사가 되어 에글론을 암살하고 군사 1만 명을 대적하여 이스라엘을 구원하였고 사사 삼갈이 소 모는 막대기로 브레셋 사람 600명을 대적하였습니다. 하나님의 지혜(왼손잡이 에훗을 사사로)와 일상의 믿음(소 모는 막대기로 대적)이 세상의 거대함을 무너뜨리고 승리함을 교훈합니다.

하나님의 지혜와 일상의 믿음으로 세상의 거대함을 물리치시는 하나님을 찬양합니다. '이는 내 생각이 너희의 생각과 다르며 내 길은 너희의 길과 다름이니라 여호와의 말씀이니라 이는 하늘이 땅보다 높음 같이 내 길은 너희의 길보다 높으며 내 생각은 너희의 생각보다 높음이니라'[이사야 55:8~9]는 말씀으로 하나님의 지혜가 인간의 지혜와 비교할 수 없다는 것을 깨닫게 하시는 지혜의 하나님을 경외합니다.

우리의 연약함과 은사를 사용하셔서 하나님을 영광되게 하시는 나에 대한 하나님의 계획을 보게 하시옵소서.

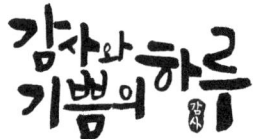

항상 기뻐하라 쉬지 말고 기도하라 범사에 감사하라
이것이 그리스도 예수 안에서 너희를 향하신 하나님의 뜻이니라 <대전 5:16~18>

15. 오늘 말씀은 사사기 4:1~10
'조건 없는 순종'에 관한 말씀입니다

시스라의 철병거 900대가 기손강에 집결하고 하나님이 시스라를 바락의 손에 넘겨주신 날 기손강에 비를 내려 병거와 군대가 혼란에 빠지고 시스라가 도망하여 야엘의 장막에서 야엘에게 죽임을 당합니다. 세상의 힘이 크고 강대하여도 하나님을 따르는 신실한 믿음의 사람에게 하나님이 함께 하시므로 하나님의 뜻을 이루시고 구원하심의 교훈입니다.

드보라와 바락과 야엘이 하나님의 사람을 위하여 시스라의 철병거와 군대를 기손강에서 비를 내리시어 혼란에 빠뜨리고 이스라엘을 구원하시고 승리하게 하시는 하나님을 찬양합니다. 세상의 힘과 유혹이 크더라도 여인 야엘의 결단으로 하나님의 뜻을 이루는 축복의 통로가 되게 하시는 하나님을 경외합니다. 하나님 나라와 그의 뜻을 구하며 기도하는 한 사람을 찾으시는 하나님을 이 새벽 만나게 하시고 새로운 도전과 사역을 감당케 하시는 하나님 은혜에 감사드립니다.

우리의 연약함을 아시는 하나님 의지하여 기도하며 나아가오니 어제와 다른 믿음의 분량을 허락하여 주시옵소서.

이르되 내가 반드시 너와 함께 가리라 그러나 네가 이번에 가는 길에서는 영광을 얻지 못하리니 이는 여호와께서 시스라를 여인의 손에 파실 것임이니라 하고 드보라가 일어나 바락과 함께 게데스로 가니라 〈삿 4:9〉

16. 오늘 말씀은 사사기 4:11~24
'기손강에서 하나님의 구원'에 관한 말씀입니다

시스라의 철병거 900대가 기손강에 집결하고 하나님이 시스라를 바락의 손에 넘겨주신 날 기손강에 비를 내려 병거와 군대가 혼란에 빠지고 시스라가 도망하여 야엘의 장막에서 야엘에게 죽임을 당합니다. 세상의 힘이 크고 강대하여도 하나님을 따르는 신실한 믿음의 사람에게 하나님이 함께하시므로 하나님의 뜻을 이루시고 구원하심의 교훈입니다.

드보라와 바락과 야엘이 하나님의 사람을 위하여 시스라의 철병거와 군대를 기손강에서 비를 내리시어 혼란에 빠뜨리고 이스라엘을 구원하시고 승리하게 하시는 하나님을 찬양합니다.

세상의 힘과 유혹이 크더라도 여인 야엘의 결단으로 하나님의 뜻을 이루는 축복의 통로가 되게 하시는 하나님을 경외합니다.

우리의 연약함을 아시는 하나님만 의지하여 기도하며 나아가오니 어제와 다른 믿음의 분량을 허락하여 주시옵소서. 하나님 나라와 그의 뜻을 구하며 기도하는 한 사람을 찾으시는 하나님을 이 새벽 만나게 하시고 새로운 도전과 사역을 감당케 하시는 하나님 은혜에 감사드립니다.

> 여호와께서 바락 앞에서 시스라와 그의 모든 병거와 그의 온 군대를 칼날로 혼란에 빠지게 하시매 시스라가 병거에서 내려 걸어서 도망한지라 〈삿 4:15〉

17. 오늘 말씀은 출애굽기 29:10~37
'제사장의 위임식'에 관한 말씀입니다

제사장 위임식에서 숫송아지는 속죄제로, 숫양 두 마리 중 한 마리는 번제로, 다른 한 마리는 잡아 그 피로 아론과 아들들의 오른쪽 귓불, 엄지손, 엄지발에 발라 거룩함과 정결함의 예식을 7일 동안 진행합니다. 제사장의 귀와 손과 발을 정결하게 하여 거룩하게 구별하시는 하나님의 섭리를 교훈합니다.

왕 같은 제사장인 우리를 날마다 어린 양 예수 그리스도의 피로 우리의 귀와 손과 발과 우리의 입을 씻어 거룩하게 하시는 하나님을 찬양합니다. 세상 속에서 우리의 더러워진 몸과 마음을 새벽마다 주시는 말씀으로 우리의 귀와 손과 발과 입을 씻어 우리를 새롭게 하시는 하나님을 경외합니다.

예수님의 손길로 우리를 새롭게 하신 은혜에 감사하여 세상에 나아가 그리스도의 향기를 드러내는 하나님의 제자 된 삶을 살게 하시옵소서. 무시로 겸손하여 하나님을 의지하며 내게 주신 사명을 순종하여 감당하는 하나님의 사람이 되게 하시옵소서.

너는 이레 동안 제단을 위하여 속죄하여 거룩하게 하라 그리하면
지극히 거룩한 제단이 되리니 제단에 접촉하는 모든 것이 거룩하리라 〈출 29:37〉

18. 오늘 말씀은 출애굽기 29:38~46
'상번제'에 관한 말씀입니다

제사장은 매일 같이 1년 된 어린 양 2마리를 아침과 저녁에 번제로 드리고 밀가루 2리터와 기름과 포도주 0.9리터를 소제와 전제로 드려 여호와께 화제로 드립니다. 모든 제사와 예배는 하나님이 지정하신 때와 장소와 방법으로 드려야함의 교훈입니다.

정한 시간 영과 진리로 내 삶을 드리는 우리의 예배와 기도를 받으시고 우리를 새롭게 하시는 하나님을 찬양합니다. 애굽 땅에서 이스라엘 민족을 구원하신 하나님이 '그들 중에 거하시려고'라고 하신 하나님이 나와 교회공동체 안에 거하시려는 하나님 마음을 깨닫게 하시니 감사합니다. 우리가 그런 하나님을 갈망하게 하시고 우리 마음에 임재하시고 우리를 만나고 동행하시는 하나님을 소망합니다.

우리의 마음과 뜻과 정성으로 드리는 예배와 기도를 받으시고 우리를 화평케 하시옵소서. 하나님을 의지하여 기도하며 나아가게 하시옵소서.

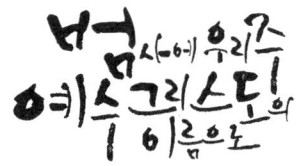

범사에 우리 주 예수 그리스도의 이름으로 항상 아버지 하나님께 감사하며 <엡 5:20>

19. 오늘 말씀은 사사기 5:1~18
'드보라와 바락의 감사 찬송'에 관한 말씀입니다

시스라와의 전쟁에서 승리하였지만 드보라의 요청에 동참하지 않은 지파(르우벤)도 있었습니다. 하나님 백성의 하나 됨을 망각한 부끄러운 모습입니다. 하나님이 함께 하시는 이 전쟁에서 스블론과 납달리는 목숨을 아끼지 않았으며 드보라는 이들의 헌신을 칭송하였고 하나님은 자원하여 드리는 심령을 기뻐하심의 교훈입니다.

지금까지 나를 인도하신 하나님 은혜에 감사할 때 우리를 축복의 통로로 사용하시는 하나님을 찬양합니다.

우리의 삶속에서 어렵고 힘든 역경을 이겨내고 다시 일어나는 힘을 주시는 하나님이 우리와 함께 하심을 전적으로 신뢰하며 나아가게 하시옵소서. 이웃과 교회를 위한 공적 사역으로 주님이 내게 주신 사명을 감당하게 하시옵소서.

오늘도 정한 시간에 기도함으로 우리의 고민과 문제를 고백하고 회복하는 귀한 은혜의 시간으로 우리를 인도하시옵소서. 우리가 기도의 끈을 놓지 않고 중보기도함으로 우리를 불쌍히 여기시어 하나님의 긍휼로 치유와 회복의 역사가 있게 하시옵소서.

> 활 쏘는 자들의 소리로부터 멀리 떨어진 물 긷는 곳에서도
> 여호와의 공의로우신 일을 전하라 이스라엘에서 마을 사람들을 위한
> 의로우신 일을 노래하라 그 때에 여호와의 백성이 성문에 내려갔도다 〈삿 5:11〉

20. 오늘 말씀은 사사기 5:19~31
'하나님의 보응과 승리의 기쁨'에 관한 말씀입니다

시스라의 철병거를 기손강에서 표류시키는 하나님을 돕지 않은 메로스를 저주하고 시스라를 죽인 야엘을 축복하신 하나님이 원수는 망하게 하고 주님을 사랑하는 자를 해가 힘 있게 돋는 것과 같은 복을 주심을 교훈합니다.

하나님이 함께 하심으로 건기의 기손강에 비를 내려 대적을 물리치시는 하나님을 찬양합니다.

주를 사랑하는 자를 해가 힘 있게 돋음 같게 하시옵소서. 어떤 상황 속에서도 주의 일을 분별하여 동참하게 하시어 축복의 통로가 되게 하시옵소서. 삶 속에서 적당하게 살기보다 전심으로 순종하여 주의 일을 감당하는 하나님의 일꾼이 되게 하시옵소서. 환란과 고난 가운데에도 변치 않는 믿음을 주셔서 편하고 안일함 속에 안주하지 않고 하나님을 향한 열정과 비전을 갖게 하시옵소서.

여호와여 주의 원수들은 다 이와 같이 망하게 하시고
주를 사랑하는 자들은 해가 힘 있게 돋음 같게 하시옵소서 하니라
그 땅이 사십 년 동안 평온하였더라 〈삿 5:31〉

21. 오늘 말씀은 사사기 6:1~24
'말씀으로 깨우치시는 하나님과 사사 기드온'에 관한 말씀입니다

이스라엘이 악을 행하여 미디안의 손에서 7년 동안 토지 소산을 멸하여 백성들을 깨우치시고 사사 기드온을 택하셔서 약한 자를 들어 하나님 안에서 능력 있는 사람인 큰 용사로 세워 여호와 살롬을 이루심의 교훈입니다.

밀을 포도주 틀에서 타작하는 소심하고 약한 자를 들어 하나님의 큰 용사로 세우시는 하나님을 찬양합니다. 오늘 레마의 말씀 가운데 믿음을 가지고 감사와 인내하고 기다리면 평강의 하나님이 여호와 살롬으로 이끄시는 하나님이심을 알게 하시니 감사합니다. 고난 중에 부르짖고 기도하는 것이 은혜이고 축복임을 깨닫게 하시는 하나님을 경외합니다.

어려운 환경과 여건에도 불구하고 날마다 하나님을 깊이 알아가게 하시고 예배를 사모하고 기도와 찬양으로 하나님을 기쁘시게 하는 선한 청지기의 삶을 살게 하시옵소서.

기드온이 여호와를 위하여 거기서 제단을 쌓고 그것을 여호와 살롬이라 하였더라 그것이 오늘까지 아비에셀 사람에게 속한 오브라에 있더라 〈삿 6;24〉

22. 오늘 말씀은 사사기 6:25~32
'기드온의 사명과 순종'에 관한 말씀입니다

하나님의 명대로 기드온은 바알 제단과 아세라상을 찍고 번제를 드립니다. 사람들이 두려워 이 일을 밤에 하고 성읍 사람들이 이를 알고 기드온을 죽이려 하자 아버지 요아스가 바알이 신이라면 스스로 다툴 것이라 합니다. 말씀에 순종한 기드온을 여룹바알(바알과 맞서다)이라 이름하여 감당하기 어려운 결과를 무릅쓰고 하나님의 뜻을 따른 기드온을 통하여 하나님의 영광이 나타남의 교훈입니다.

기드온을 통하여 눈앞의 이익을 버리고 잘못된 관계를 청산하여 하나님의 이름을 영광되게 하시는 하나님을 찬양합니다.

우리 삶 속에서 버려야 할 것과 바꿔야 할 것, 회개해야 할 것인 바알과 아세라를 과감하게 버릴 수 있는 용기와 믿음을 주시옵소서. 내 마음의 바알과 아세라를 찍어내어 온전한 믿음의 삶을 사는 하나님의 사람이 되게 하시옵소서. '사람을 두려워하면 올무에 걸리게 되거니와 여호와를 의지하는 자는 안전하리라'[잠언 29:25]는 말씀과 같이 우리에게도 담대한 믿음을 허락하여 주시옵소서. 말씀에 순종하여 하나님께 감사와 영광을 드리는 삶으로 인도하여 주시옵소서. 정한 시간에 기도함으로 우리의 지경을 넓히시는 하나님을 만나게 하여 주시옵소서.

> 그 날에 기드온을 여룹바알이라 불렀으니 이는 그가 바알의 제단을 파괴하였으므로 바알이 그와 더불어 다툴 것이라 함이었더라 〈삿 6:32〉

23. 오늘 말씀은 사사기 7:1~8
'기드온의 300용사'에 관한 말씀입니다

하나님은 기드온에게 미디언과 싸우기 위하여 모인 백성이 많다고 하시고 두려워 떠는 자를 돌려보내고 손으로 물을 움켜 핥는 300명을 남게 하여 이스라엘이 스스로 자신을 구원했다고 자랑하지 않게 하시는 하나님의 섭리를 교훈합니다.

병사의 숫자보다 하나님이 명하시고 부르시고 택한 용사로 이스라엘을 구원하시는 하나님을 찬양합니다. 하나님이 주시는 은혜의 약속은 두려움을 물리치고 담대한 믿음으로 나아갈 때 이루어지게 하시는 하나님을 경외합니다.

하나님 나라를 위하여 깨어있는 사람, 준비된 사람으로 주의 일을 감당하게 하시고 영광 받으시옵소서.

우리가 연약하고 부족하지만 하나님이 함께 하셔서 강하고 담대한 기드온의 용사가 되게 하여 주시옵소서. 정한 시간에 기도하게 하시어 우리의 고민과 문제를 하나님 앞에 내려놓고 응답받는 귀한 은혜의 시간이 되게 하시옵소서.

> 여호와께서 기드온에게 이르시되 내가 이 물을 핥아 먹은 삼백 명으로
> 너희를 구원하며 미디안을 네 손에 넘겨 주리니
> 남은 백성은 각각 자기의 처소로 돌아갈 것이니라 하시니 〈삿 7:7〉

3장 사랑

24. 오늘 말씀은 사사기 7:9~25
'두려움 속에서도 일하시는 하나님'에 관한 말씀입니다

기드온의 300 용사와 미디안의 135,000 군사와 대적하여 밤중에 나팔과 빈 항아리 속에 횃불을 감추고 나팔을 불며 진을 사면으로 에워싸고 항아리를 깨 횃불을 들고 진격할 때에 미디안의 진영이 놀라 서로 죽이고 자중지란을 일으켜 도망치는 미디안의 두 방백 오렙과 스엡을 죽이고 미디안의 군사가 흩어져 기드온이 승리함은 전쟁은 하나님께 속하여 두려움에 사로잡혔던 기드온과 용사들을 일으켜서 하나님의 방법으로 함께 하시는 하나님이 일하심의 섭리를 교훈합니다.

하나님의 약속을 믿고 담대히 나아갈 때 두려움을 넘어서고 일으키셔서 하나님이 함께 함으로 승리하게 하시는 하나님을 찬양합니다.

인생의 위기로 낙심과 절망 속에서도 함께 하시는 하나님을 의지하여 나아갈 때 소망 주시고 구원을 약속하시는 하나님을 보게 하시옵소서. 우리의 처지와 형편을 아시는 하나님을 향하여 기도하며 나아갈 때 우리의 비전과 꿈을 이루어 주시옵소서.

그 밤에 여호와께서 기드온에게 이르시되 일어나 진영으로 내려가라
내가 그것을 네 손에 넘겨 주었느니라 〈삿 7:9〉

25. 오늘 말씀은 사사기 8:1~9
'승리한 후에'에 관한 말씀입니다

기드온이 미디안과의 전쟁을 승리로 이끈 후 에브라임 지파와 숙곳과 브느엘 사람들이 불평과 기드온의 요청을 거부하게 됩니다. 기드온이 갈등을 해결하는 한편 보복을 선언하므로 겸손함으로 문제를 해결하고, 한편 위협함으로 대적을 만들므로 하나님의 은혜와 영광이 겸손한 자에게 있음을 교훈합니다.

하나님의 은혜와 영광은 자신의 부족함 가운데에도 하나님이 함께 하셔서 약한 자를 통하여 하나님의 능력이 세상에 나타나 영광 받으시는 하나님이심을 찬양합니다.

온유와 겸손으로 갈등을 해결하는 지혜를 주시고 자기의 의로 교만하지 않고 공동체의 덕을 세울 수 있도록 성령 하나님 함께 하여 주시옵소서. '유순한 대답은 분노를 쉬게 하여도 과격한 말은 노를 격동 하느니라' [잠언 15:1] 는 말씀으로 우리를 온유와 겸손으로 나아가게 하시옵소서.

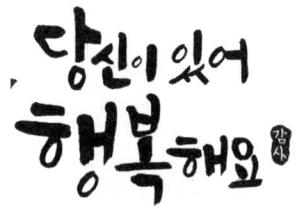

복 있는 사람은 악인들의 꾀를 따르지 아니하며 죄인들의 길에 서지 아니하며 오만한 자들의 자리에 앉지 아니하고 오직 여호와의 율법을 즐거워하여 그의 율법을 주야로 묵상하는도다 <시편 1:1~2>

26. 오늘 말씀은 사사기 8:10~21
'복수와 권력욕을 넘지 못한 지도자'에 관한 말씀입니다

기드온이 테레스 비탈 전쟁에서 승리하여 세바와 살문나를 사로잡아 숙곳 사람들 앞에서 아들 여델이 칼을 빼지 못하자 기드온이 이들을 죽이고 숙곳 사람들을 복수하고 징벌합니다. 기드온이 자신의 권력을 과시하고 말(내가 너희를 다스리지 않겠고 / 삿 8:23)과 행동이 다른 지도자의 모습을 나타냅니다. 보리떡 한 개와 같은 자신을 잊어버린 결과입니다. 하나님의 영광을 위하여 쓰임받는 것이 은혜임을 교훈합니다.

보리떡 한 개와 같은 기드온을 일으켜 미디안을 물리치신 하나님을 잊지 말 것을 경책하시는 하나님을 찬양합니다. 하나님의 지혜와 능력으로 부족하고 연약한 우리를 통하여 영광을 나타내시는 하나님을 경외합니다.

우리에게 있는 교만을 거두게 하시고 부족한 우리를 들어 축복의 통로로 사용하시는 하나님을 향하여 감사와 영광을 온전히 드리는 하나님의 사람이 되게 하시옵소서.

세바와 살문나가 도망하는지라 기드온이 그들의 뒤를 추격하여
미디안의 두 왕 세바와 살문나를 사로잡고 그 온 진영을 격파하니라 〈삿 8:12〉

27. 오늘 말씀은 사사기 9:1~15
'아비멜렉'에 관한 말씀입니다

아비멜렉(나의 아버지는 왕이다)은 세겜 사람들에게 마음을 사 바알브릿 신전의 은 70개를 받아 그것으로 방탕하고 경박한 사람들을 사서 자신을 따르게 하여 70명의 이복형제들을 죽입니다. 이들 중 요담이 숨어 살아남아 세겜 사람들에게 아비멜렉을 가시나무에 비유하여 잘못됨을 지적합니다. 여룹바알(기드온)이 하나님만을 섬기기보다 자신의 탐욕을 품은 영향이 아비멜렉에게까지 이르러 비극적인 결과로 이어짐의 교훈입니다.

하나님과의 약속의 땅 세겜에서 하나님만을 섬기지 못함으로 잘못된 개인의 탐욕이 공동체의 비극으로 이어짐을 나타내시는 하나님을 찬양합니다. 하나님을 향한 삶 자체가 본이 되어 다음 세대의 선한 영향력으로 믿음이 계대되어지게 하시옵소서. 예수 그리스도로 옷 입어 다음 세대와 자녀들이 본받는 삶을 살게 하시옵소서. 우리의 시선이 하나님께로 향하여 마음을 돌이켜 신실한 믿음의 정체성을 갖게 하시옵소서.

무화과나무가 그들에게 이르되 나의 단 것과 나의 아름다운 열매를
내가 어찌 버리고 가서 나무들 위에 우쭐대리요 한지라 〈삿 9:11〉

28. 말씀은 사사기 9:16~25
'요담이 아비멜렉과 세겜 사람들을 책망함'에 관한 말씀입니다

요담이 세겜 사람들에게 아비멜렉을 왕으로 세운 것이 옳은가를 책망합니다. 여룹바알의 아들들을 죽인 악행으로 3년 후 하나님이 악한 영을 보내 서로 불사르고 아비멜렉을 심판할 것을 예언하여 진실함과 의를 버리면 악한 영이 틈탐을 교훈합니다.

거짓과 불의를 도모하는 세력을 심판하시는 하나님을 찬양합니다. 죄 가운데 악한 영의 역사가 있으므로 성령과 진리의 빛으로 심은 대로, 뿌린 대로 거두는 하나님의 섭리를 깨닫게 하시니 감사합니다.

세상의 유혹과 결탁되어진 관계는 소멸하고 하나님 안에서 영적인 관계와 성령 안에서 말씀과 기도와 예배가 있는 믿음과 사랑의 공동체가 되게 하시옵소서. 성령 하나님이 함께 하셔서 하나님과의 친밀한 관계를 사모하게 하시고 우리를 새롭게 변화되게 하시옵소서.

하나님이 아비멜렉과 세겜 사람들 사이에 악한 영을 보내시매
세겜 사람들이 아비멜렉을 배반하였으니 〈삿 9:23〉

29. 오늘 말씀은 사사기 9:26~45
'하나님이 없는 승리'에 관한 말씀입니다

세겜 사람들이 가알을 신뢰하고 아비멜렉을 저주하는 가운데 방백 스불이 아비멜렉을 도와 가알이 성 밖에 나가 싸우다가 매복한 아비멜렉의 군대에 쫓겨 패망합니다. 세겜 사람들이 가알의 선동에 미혹되어 추종하다가 비참하게 된 것입니다. 세겜은 믿음의 조상들이 하나님을 예배했던 곳인데 아비멜렉과 같이 스스로 왕이 되고 가알과 싸워 피로 물들이게 됩니다. 악행으로 사람이 높아지고 예배의 자리에서 하나님이 없는 황폐한 땅이 되는 하나님의 섭리를 교훈합니다.

하나님이 없는 승리는 풀의 꽃과 같고 하나님이 함께 하심이 은혜와 축복의 통로임을 깨닫게 하시는 하나님을 찬양합니다. 하나님을 예배하며 삶의 터전에서 높아져야 할 분은 오직 하나님이심을 알게 하시니 감사합니다

사람이 높아지는 청년부가 아니라 성령 안에서 하나 됨을 지키는 가운데 TOUCH 청년부 형제 자매가 서로 배려하고 소통하며 교제하게 하셔서 에이레네를 이루게 하시옵소서.

아비멜렉이 그 날 종일토록 그 성을 쳐서 마침내는 점령하고
거기 있는 백성을 죽이며 그 성을 헐고 소금을 뿌리니라 〈삿 9:45〉

30. 오늘 말씀은 사사기 9:46~57
'심은 대로 거두게 하시는 하나님의 심판'에 관한 말씀입니다

아비멜렉은 보루에 불을 놓아 세겜 망대 안 사람들을 다 죽입니다. 데베스 망대를 공격할 때 한 여인이 맷돌을 내려 던져 아비멜렉의 두개골을 깨고 한 병사에게 아비멜렉 자신을 찌르게 하여 죽습니다. 스스로 왕이 된 자로 기드온의 교만과 아비멜렉의 악행으로 하나님이 공의로 심은 대로 거두시어 심판하심을 교훈합니다.

자기중심적인 삶을 살며 악행을 하는 자를 공의로 심판하시는 하나님을 찬양합니다. 의인의 회복력을 가진 그리스도인이 교회와 세상을 회복시키는 축복의 통로가 되게 하시옵소서. 성령 하나님 영적 추수의 계절 여름수련회(9.3~5)와 함께 하시어 말씀과 기도로 풍성한 열매를 맺고 청년의 때에 하나님의 뜻과 비전을 품게 하시옵소서.
정한 시간(오후 9시 40분 단톡방 접속 '10분 기도회')에 함께 기도함으로 우리의 마음과 눈과 귀를 열어 우리를 향하신 하나님의 뜻과 계획을 보게 하시옵소서.

야베스가 이스라엘 하나님께 아뢰어 이르되 주께서 내게 복을 주시려거든 나의 지역을 넓히시고 주의 손으로 나를 도우사 나로 환난을 벗어나 내게 근심이 없게 하옵소서 하였더니 하나님이 그가 구하는 것을 허락하셨더라 <역대상 4:10>

31. 오늘 말씀은 사사기 10:1~9
'소사사 돌라와 야일'에 관한 말씀입니다

사사기에 나오는 사사 중 성경에서 가장 적게 기록된 소사사 돌라와 야일은 태평성대를 이룬 시기의 사사입니다. 분열과 혼란 고통 속에 악행을 저지른 아비멜렉과 같이 성경에 많은 분량이 기록된 사사와 대조되는 돌라(벌레)는 '일어나 이스라엘을 구원'한 사사로 잇사갈 지파로 죽어서도 자신이 사명을 감당한 '사밀'에 묻히고 길르앗 출신 사사 야일(빛을 비추는 자)도 평화로운 시대로 45년 간 안정적인 시기로 평안할 때 하나님을 찾고 하나님께 붙들린 도구가 되었습니다. 사사 입다 이후 하나님을 다시 배교하므로 요단 서쪽 블레셋과 요단 동쪽 암몬 사람을 징계의 도구로 사용하시는 하나님의 역사와 섭리를 교훈합니다.

소사사 둘라를 통하여 '일어나서(쿰) 구원하라'는 하나님이 주신 사명을 감당케 하시는 하나님을 찬양합니다.

COVID19 위기 가운데에도 영적인 갈급함으로 하나님을 경외하고 말씀에 순종함으로 우리를 깨워 일으켜 하나님의 영광을 보게 하시옵소서. 풍요의 우상으로 영적 침체를 맞기보다 평안할 때 영적인 갈급함으로 진리의 빛이 내게 머물게 하시옵소서.

여호와께서 이스라엘에게 진노하사
블레셋 사람들의 손과 암몬 자손의 손에 그들을 파시매 〈삿 10:7〉

4장 화평

화평하게 하는 자들은
화평으로 심어 의의 열매를 거두느니라
<야고보서 3:18>

4-1. 오늘 말씀은 사사기 10:10~18
'값싼(valueless) 은혜'에 관한 말씀입니다

이스라엘이 부르짖자 하나님이 애굽, 아모리, 암몬, 블레셋, 시돈, 아멜렉, 마온의 압제에서 구원하였으나 나를 버리고 다른 신을 섬겼으므로 다시는 너희를 구원하지 않겠다고 하십니다. 이스라엘 자손이 다시 회개하였고 하나님이 근심하여 하나님의 긍휼로 이들을 구원하심의 교훈입니다.

곤고한 때에 나의 기도로, 나의 헌신으로, 우리의 필요에 의해 하나님이 주시는 '값싼(valueless) 은혜'가 아닌 하나님의 긍휼로 우리에게 주시는 선물인 '값없는(priceless 값으로는 매길 수 없는) 은혜'임을 깨닫게 하시는 하나님을 찬양합니다. '창문을 여니까 바람이 부는 것이 아니라 바람은 하나님이 내게 주신 선물입니다.' 하물며 예수님의 피 값으로 우리를 구원하신 하나님의 은혜(priceless)는 내가 잘하여 받는 보상이 아니라 이 세상 어떤 것으로도 바꿀 수 없는 값으로는 따질 수 없는 내 인생 최고의 선물임을 알게 하신 하나님을 경외합니다.

하나님의 긍휼과 자비로 보잘것없는 우리를 죄악에서 구원하신 하나님의 값없는 은혜에 감사와 영광을 드립니다. 아무 댓가 없이 주시는 하나님의 값없는 은혜를 은혜 되게 하는 삶으로 우리를 인도하여 주시옵소서.

이스라엘 자손이 여호와께 여쭈되 우리가 범죄하였사오니
주께서 보시기에 좋은 대로 우리에게 행하시려니와
오직 주께 구하옵나니 오늘 우리를 건져내옵소서 하고 〈삿 10:15〉

2. 오늘 특새 말씀은 로마서14:17~18
'희락'에 관한 말씀입니다

하나님의 다스림 아래에서 사는 그리스도인은 구원받은 자녀로서 어떤 상황에서도 기뻐할 수 있는 어린아이와 같은 사람으로 이는 하나님의 뜻이며 명령임을 교훈합니다.

복음의 거룩한 옷을 입고 즐거이 헌신함으로 슬픔과 탄식이 웃음으로, 성령 안에서 의와 평강과 희락으로 회복하시는 하나님을 찬양합니다.

'항상 기뻐하라 쉬지 말고 기도하라 범사에 감사하라 이것이 그리스도 예수 안에서 너희를 향하신 하나님의 뜻이니라'[데살로니가전서 5:16~18]는 말씀으로 기뻐하라는 명령에 순종하는 삶을 살아가게 하시옵소서. 빌립보 감옥에서 옥중서신으로 빌립보인들에게 왕과 귀족들에게 복음을 전할 수 있어 기뻐한 사도 바울과 같은 믿음을 허락하여 주시옵소서. '값없는 (priceless 값을 매길 수 없을 정도의, 이 세상에서 가장 큰 선물인) 은혜'를 선물받은 우리가 이 기쁜 소식을 세상에 전하는 기쁨이 하나님이 우리에게 주신 사명임을 깨닫게 하시고 이를 실천하게 하시옵소서.

하나님의 나라는 먹는 것과 마시는 것이 아니요
오직 성령 안에 있는 의와 평강과 희락이라 〈롬14:17〉

3. 오늘 말씀은 누가복음 24:33~37
'화평(에이레네)'관한 말씀입니다

주님이 함께 하시므로 엠마오로 가는 두 제자의 영의 눈이 밝아져 에이레네 평강을 누리며 감격적 기쁨과 초월적 경험을 하게 됨의 교훈입니다. 하나님이 우리 가운데 임하시면 평강이 있고 염려는 주께 맡기므로 우리를 돌보시는 하나님을 찬양합니다. 세상의 환란과 유혹도 두려워하지 않는 것은 주님이 항상 나와 함께 하고 계심을 믿고 나아갑니다.

너희 염려를 다 주께 맡기라 이는 그가 너희를 돌보심이라 [베드로전서5:7]는 말씀을 붙들고 의지하며 나아가게 하시옵소서.

지각에 뛰어난 하나님의 평강이 우리 가운데 늘 머물게 하시옵소서. 하나님의 은혜와 평강이 사랑의 공동체 가운데 함께 하셔서 함께하는 형제자매가 서로 소통하고 에이레네 화평을 이루게 하시옵소서.

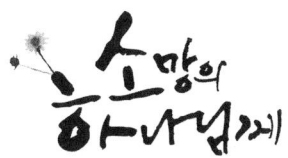

소망의 하나님이 모든 기쁨과 평강을 믿음 안에서 너희에게 충만하게 하사
성령의 능력으로 소망이 넘치게 하시기를 원하노라 <롬 15:13>

4. 오늘 말씀은 누가복음13:1~9
'오래 참음(마크로뒤메이)'에 관한 말씀입니다

오래 참음의 헬라어는 '마크로뒤메이'인데 마크로(길다)+뒤모스(고통)의 합성어입니다. 빌라도의 수로 건설 제안으로 성전 헌금을 사용하자 이방인의 사업에 쓰여진 것에 대한 무장봉기가 일어나 이와 관련된 갈릴리 사람들을 처형하고 그 피를 성전 제물에 섞도록 명령한 일로 예수께서 이르시되 이들의 조가 더 많아 그렇게 된 것이 아니며 누구든지 회개치 않으면 그와 같이 되리라고 하시며 포도원의 무화과나무의 비유로 열매가 없는 무화과나무를 찍어 내버리라는 주인에게 1년만 두루 파고 거름을 주어 더 두고 보자는 과원지기의 마음처럼 하나님은 오래 참고 기다리시며 인내하시는 하나님이심을 교훈합니다.

거름이 더디지만 땅과 나무를 살려내고 썩어지면서 더욱 비옥해지는 거름 같은 믿음을 허락하시는 하나님을 찬양합니다. 사랑은 오래 참고 견디는 것임을 알게 하시는 하나님을 경외합니다. 주의 약속은 어떤 이들이 더디다고 생각하는 것 같이 더딘 것이 아니라 오직 주께서는 너희를 대하여 오래 참으사 아무도 멸망하지 아니하고 다 회개하기에 이르기를 원하시느니라 [베드로후서3:9]는 말씀과 같이 우리를 기다리시는 하나님께 존귀와 영광과 감사를 드립니다.

성령 안에서 오래 참음은 능력이 되어 십자가의 진리 가운데 우리가 소망 중에 인내하게 하시옵소서.

5. 오늘 말씀은 누가복음 10:33~37
'자비와 양선'에 관한 말씀입니다

자비와 양선은 성령의 열매들인 하나님과 나와 사람들 중에 하나님이 주시는 마음입니다. 영어로는 kidness & goodness이며 헬라어 '스플랑크니조마이'는 '창자가 뒤틀리는 슬픔'입니다. 선한 사마리아인의 비유에서 제사장도 레위인도 강도 만나 쓰러져 죽을 위기에 있는 사람을 지나쳐 버리고 선한 사마리아인이 이 사람을 보고 불쌍히 여겨 데리고 가서 도와줍니다. 누가 강도 만난 자의 이웃인가는 what이 아닌 how로서 긍휼과 자비는 성령이 주시는 하나님의 열매로 머리가 아니라 몸으로 행하는 것입니다. 세상의 힘과 돈, 관계가 아닌 성령의 마음으로 하나님이 움직이시는 최고의 능력과 비전이 됨을 교훈합니다.

성령의 열매인 자비와 양선이 머리가 아닌 몸으로 내 이웃을 차별하지 않고 선택하는 하나님이 주시는 긍휼의 마음임을 깨닫게 하시는 하나님을 찬양합니다.

성령 하나님, 이웃을 차별없이 선택하고 사랑을 실천하기로 결단하는 하나님의 사람이 되게 하시옵소서.

이르되 자비를 베푼 자니이다 예수께서 이르시되
가서 너도 이와 같이 하라 하시니라 〈눅10:37〉

6. 오늘 말씀은 마태복음 25:19~21 '충성(피스티스)'에 관한 말씀입니다

달란트 비유는 「피스티스」 믿음, 충성 신실하다는 뜻으로 주인에 대한 신뢰와 믿음으로 세워지며 맡겨진 일에 최선을 다함으로 하나님 나라의 영광과 기쁨의 성령의 열매가 됨을 교훈합니다.

트로이 장군 아킬레스의 부하가 '당신을 모실 수 있어 내 인생의 영광이었습니다'와 같이 부족한 우리를 하나님의 자녀 삼아 주시고 충성케 하시는 하나님을 찬양합니다. 우리를 일생 동안 지키시고 사랑하시는 하나님이 늘 우리와 함께 하시니 감사와 영광과 존귀를 드립니다.

'너는 장차 받을 고난을 두려워하지 말라 볼지어다 마귀가 장차 너희 가운데에서 몇 사람을 옥에 던져 시험을 받게 하리니 너희가 십 일 동안 환난을 받으리라 네가 죽도록 충성하라 그리하면 내가 생명의 관을 네게 주리라' [요한계시록2:10]는 말씀과 같이 나를 부르신 곳에서 하나님이 내게 주신 사명을 감당하게 하시옵소서.

신실하신 하나님 아버지! 착하고 충성된 하나님의 일꾼들이 기도와 헌신으로 나아가는 교회 공동체가 되게 하시옵소서.

> 그 주인이 이르되 잘하였도다 착하고 충성된 종아
> 네가 적은 일에 충성하였으매 내가 많은 것을 네게 맡기리니
> 네 주인의 즐거움에 참여할지어다 하고 〈마 25:21〉

7. 오늘 말씀은 사사기 15:1~13
'혈과 육&영적 싸움'에 관한 말씀입니다

나실인으로 태어나 이스라엘의 사사가 된 삼손은 딤나에 있는 블레셋 이방 여인을 사랑하여 하나님의 뜻을 살피기보다 자신의 욕망을 채웁니다. 나실인은 포도주를 먹지 않고 머리에 삭도를 대지 않으며 시체를 만지지 않습니다. 그런데 삼손은 자신이 잡은 사자의 사체에서 꿀이 나자 이를 먹고 부모에게도 갖다드리며 잔치를 벌여 하나님의 사람이 하지 말아야 할 일을 하였습니다. 결국 이방여인 때문에 분노하여 블레셋 사람들을 도륙하여 혈과 육의 싸움을 하게 됩니다. 거룩한 하나님의 사람이 하나님을 위하여 영적 싸움을 하지 않고 자신의 욕망으로 혈과 육에 의한 싸움을 하는 것이 무익하고 하나님이 경책하심의 교훈입니다.

우리 각 사람에게 주신 하나님의 능력을 영적으로 선한 싸움에 사용하게 하시는 하나님을 찬양합니다.

'우리의 씨름은 혈과 육을 상대하는 것이 아니요 통치자들과 권세들과 이 어둠의 세상 주관자들과 하늘에 있는 악의 영들을 상대함이라' [에베소서 6:12]는 말씀으로 혈과 육으로 싸우는 우리를 깨닫게 하셔서 하나님의 영광을 위하여 선한 영적 싸움을 하게 하시니 감사합니다. 하나님이 우리에게 주신 선한 능력을 주님이 주신 사명을 감당하는 데 사용하게 하시옵소서. 우리가 시간을 정하여 기도함으로 하나님의 뜻을 분별하고 하나님의 비전과 꿈을 실천하게 하시옵소서.

8. 오늘 말씀은 사사기 15:14~20
'신실하신 하나님의 약속'에 관한 말씀입니다

결박되어져 블레셋 사람들에게 넘겨진 삼손이 하나님의 영이 임하여 밧줄을 풀고 나귀의 턱뼈로 블레셋 사람들을 물리쳐 이스라엘 백성을 구원하여 그 곳을 '라맛레히'(턱뼈의 산)라 이름합니다. 하나님이 삼손이 목이 말라 물을 달라는 기도에 응답하여 레히에서 물을 내 삼손이 소생하여 그 곳 이름을 '엔학 고레'(부르짖은 자의 샘)부릅니다. 삼손의 부모에게 약속하신 하나님이 삼손의 혈과 육으로 자신의 욕망을 채우려는 사사이지만 그를 통해 이스라엘을 구원하시는 하나님의 신실하심을 교훈합니다.

삼손의 목마름의 기도에 하나님의 영이 임하여 '엔학 고레'로 부르짖는 자의 샘을 허락하신 하나님을 찬양합니다. 오늘 레마의 말씀으로 신실하신 하나님이 삼손의 부모에게 하신 약속을 이루시므로 자녀를 위한 기도가 하나님의 때에 하나님의 방법으로 응답되어짐을 확신하게 하시는 하나님을 경외합니다.

우리의 자녀가 신실하신 하나님을 온전하게 믿고 의지하며 말씀에 순종하는 하나님의 사람이 되도록 선인도하여 주시옵소서. 우리가 간절히 드리는 중보기도의 촛불이 꺼지지 않게 하셔서 하나님의 긍휼로 우리의 신앙이 굳건하게 하시옵소서.

블레셋 사람의 때에 삼손이
이스라엘의 사사로 이십 년 동안 지냈더라 〈삿 15:20〉

9. 오늘 말씀은 사사기 16:1~14
'삼손과 들릴라'에 관한 말씀입니다

가사 사람들이 기생에게 들어 간 삼손을 잡으려고 매복하자 삼손은 밤중에 일어나 성문짝을 빼서 메고 헤브론까지 갑니다. 삼손(작은 태양)이 들릴라(밤)를 사랑하여 힘의 근원을 알아내어 삼손을 결박하기 위한 블레셋 방백들이 매복합니다.

세상 여인을 사랑하여 하나님의 사람다움을 잃어가는 모습을 경책하시는 하나님을 교훈합니다. 세상의 정욕을 좇아 살아가는 어리석음을 경책하시는 하나님을 찬양합니다.

'복 있는 사람은 악인들의 꾀를 따르지 아니하며 죄인들의 길에 서지 아니하며 오만한 자들의 자리에 앉지 아니하고' [시편1:1] 말씀을 붙들고 하나님의 사람으로 살아가게 하시옵소서. 우리가 죄악이 난무하는 세상에 살고 있지만 그리스도로 무장하고 말씀을 가까이 하여 하나님의 영광을 드러내는 삶을 살게 하시옵소서. 말씀을 가까이 함으로 우리의 이웃과 다른 사람에게 복음을 전하는 주의 일을 감당하는 선한 청지기의 삶을 살게 하시옵소서.

여호와는 나의 목자시니 내게 부족함이 없으리로다 그가 나를 푸른 풀밭에 누이시며 쉴 만한 물가로 인도하시는도다 <시편 23:1~2>

10. 오늘 말씀은 사사기 16:15~22 '삼손과 들릴라"에 관한 말씀입니다

들릴라의 유혹에 삼손이 자신의 힘이 머리를 삭도하지 않은 하나님의 사람임을 밝히고 머리가 잘려 하나님의 능력이 떠나 블레셋 사람들이 삼손의 눈을 빼고 옥에서 맷돌을 돌리게 합니다. 나실인으로 합당한 삶을 살지 않은 삼손이 자신이 하나님의 사람이었음을 고백함으로 죄의 유혹을 이기지 못한 삼손이 하나님이 함께 하심을 잊지 말아야함을 경책하시는 하나님을 교훈합니다.

우리가 가진 은사와 힘과 능력을 주시는 이는 하나님이심을 깨닫게 하시는 하나님을 찬양합니다.

우리가 하나님의 사람임을 선포하고 죄의 유혹에 빠지지 않고 말씀에 순종하는 삶을 살게 하시옵소서. 내게 주어진 은사와 재물과 능력을 하나님 나라와 영광을 위하여 사용하는 하나님의 사람으로 살게 하시옵소서. 삼손의 머리가 자라기 시작하므로 '높음이나 깊음이나 다른 어떤 피조물이라도 우리를 우리 주 그리스도 예수 안에 있는 하나님의 사랑에서 끊을 수 없으리라'[롬8:39]는 말씀과 같이 신실하신 하나님이 우리를 지키시고 보호하시니 감사합니다. 교회 공동체의 형제자매가 모두 그리스도의 사랑 안에 머물게 하시옵소서.

> 블레셋 사람들이 그를 붙잡아 그의 눈을 빼고 끌고 가사에 내려가 놋 줄로 매고 그에게 옥에서 맷돌을 돌리게 하였더라 〈삿 16:21〉

11. 오늘 말씀은 사사기 16:23~31
'삼손의 최후'에 관한 말씀입니다

블레셋 사람들의 다곤 신전에서 삼손을 조롱하고 삼손은 하나님께 부르짖어 힘을 얻어 신전을 지지하는 두 기둥을 허물어 죽음으로 사명을 완수하는 사명자로 성 안에 있는 블레셋 사람들과 함께 죽습니다. 하나님의 반복되는 경고를 무시하고 하나님의 뜻과 비전이 없이 자신의 욕망을 채워 하나님 나라를 확장하는 영적인 삶을 살지 않음을 경책하심의 교훈입니다.

일상 가운데 하나님의 영광을 위하여 영적인 삶으로 하나님의 뜻과 비전을 품게 하시는 하나님을 찬양합니다.

자신의 욕망을 위한 삶을 버리고 하나님의 꿈과 비전을 품고 하나님 나라의 확장을 위하여 쓰임받는 선한 청지기의 삶을 살게 하시옵소서. 하나님을 향하여 비전을 품게 하시고 담대한 믿음과 야성이 있는 열정으로 주의 일을 감당하는 하나님의 일꾼이 되게 하시옵소서. 삶 가운데 눈에 보이는 것 너머의 하나님의 뜻을 보고 나아가게 하시옵소서. 우리의 중보기도가 하나님께 상달되어 예수 보혈의 능력으로 원치 않는 질병으로 고통받는 환우들이 하나님의 영광을 보게 하시옵소서.

> 삼손이 여호와께 부르짖어 이르되 주 여호와여 구하옵나니
> 나를 생각하옵소서 하나님이여 구하옵나니 이번만 나를 강하게 하사
> 나의 두 눈을 뺀 블레셋 사람에게 원수를 단번에 갚게 하옵소서 하고 〈삿 16:28〉

12. 오늘 말씀은 사사기 17:1~13
'타락한 사사시대의 영적 실상'에 관한 말씀입니다

어머니의 재산(은1,100개)을 훔친 아들 미가가 어머니에게 잘못을 실토하고 어머니는 아들을 위해 신상을 만들고 미가의 개인 신당에 하나님이 하실 일을 자신이 합니다. 즉, 에봇과 드라빔을 만들어 거처를 찾는 레위 청년을 제사장으로 들입니다. '그때에는 이스라엘에 왕이 없으므로 사람마다 자기 소견에 옳은 대로 행하였더라'[삿17:6]처럼 타락한 사사시대의 영적 실상을 교훈합니다.

하나님의 사람은 경건으로 포장한 위선을 경계해야 함을 깨닫게 하시는 하나님을 찬양합니다.

거짓을 습관처럼 행하고 회개를 잃어버린 세대를 본받지 말고 말씀 앞에 진실하고 가감 없는 순종을 하게 하시옵소서. 하나님의 은혜로 '들은 말씀, 드린 기도, 부른 찬송'을 삶 속에서 나타내며 살아가는 성화의 길로 인도하여 주시옵소서. 우리 자신의 유익과 만족을 위한 헌신이 아닌 오직 하나님의 영광을 위하여 쓰임받는 도구가 되게 하시옵소서.

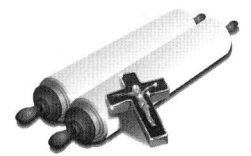

이에 미가가 이르되 레위인이 내 제사장이 되었으니
이제 여호와께서 내게 복 주실 줄을 아노라 하니라 〈삿 17:13〉

13. 오늘 말씀은 사사기 18:14~31
'영적 침체'에 관한 말씀입니다

하나님이 주신 땅에 대한 두려움이 라이스를 점령하게 되고 실로에 있는 하나님의 집에 내려가는 것이 힘들어 미가가 만든 우상을 섬기고 단 지파를 위하여 레위인 청년을 제사장으로 삼습니다. 미가 개인으로부터 시작한 영적 타락이 한 지파를 넘어 민족 전체로 확대되는 영적 침체를 교훈합니다.

하나님이 약속하신 기업은 담대한 믿음과 영적 싸움을 통해 얻을 수 있음을 깨닫게 하시는 하나님을 찬양합니다.

성령 하나님,
쉽고 편한 것만 구하여 영적 침체에 빠지지 않도록 우리를 지키고 보호하여 주시옵소서. 불편하고 힘들어도 경건을 좇으며 여호수아와 갈렙과 같은 담대한 믿음으로 우리를 새롭게 하시옵소서. 자기중심적인 삶에서 벗어나 그리스도인의 사랑과 섬김으로 공동체의 영적 생명을 더욱 빛나게 하시옵소서.

단 자손이 자기 길을 간지라 미가가 단 자손이 자기보다 강한 것을 보고
돌이켜 집으로 돌아갔더라 〈삿 18:26〉

14. 오늘 말씀은 사사기 21:16~25
'자기의 소견에 옳은 대로'에 관한 말씀입니다

베냐민 지파의 멸절에 대한 대책(여호와의 명절에 춤추러 나온 여인을 납치하여 아내로 삼음) 또한 미봉책으로 사사기 전체를 관통하는 하나님이 부재한 사사들의 통치시대는 각자 옳은 소견대로 행하여 분별력 없는 혼돈의 시기를 나타냅니다. 사사기의 교훈은 마지막 장 21:25에서도 강조됩니다. '그 때에는 이스라엘에 왕이 없었으므로 사람마다 자기 소견에 옳은 대로 행하였더라'[삿 17:6]로 악을 선으로 포장하는 가치 혼돈의 시대를 교훈합니다.

하나님께 은혜를 구할 때 전적으로 하나님을 향하여 긍휼을 구하는 회개가 있어야 함을 깨닫게 하시는 하나님을 찬양합니다.

지혜의 하나님,
우리에게 선과 악을 구분하는 영적 분별력을 허락하시어 가치 혼돈의 시대에 말씀을 붙들고 진리의 빛 가운데에 머물게 하시옵소서. 우리가 늘 약하고 부족하여 하나님을 떠나 있지 않게 하시고 담대한 믿음으로 나아가게 하시옵소서. 영적인 선한 싸움에서 말씀으로 승리하는 하나님의 사람으로 살게 하시옵소서. 믿음의 가족 가운데 교회 같은 가정으로 서로 소통하고 나누며 에이레네를 이루게 하시옵소서.

그 때에 이스라엘에 왕이 없으므로
사람이 각기 자기의 소견에 옳은 대로 행하였더라 〈삿 21:25〉

15. 오늘 말씀은 디모데전서 1:1~11
'거짓 교훈을 경고'에 관한 말씀입니다

사도 바울은 영적 아들 디모데에게 편지하며 디모데를 에베소에 파송한 것은 교회 내의 거짓 교사들을 바로잡아야 함을 권면합니다. 즉 청결한 마음, 선한 양심, 거짓 없는 믿음에서 나오는 그리스도의 사랑을 실천하라는 교훈입니다.

복음의 진리와 거짓 가르침(신화적 족보)의 판별이 청결한 마음과 선한 양심, 거짓 없는 믿음에서 나오는 사랑임을 깨닫게 하시는 하나님을 찬양합니다.

자기 만족을 위하여 성경 지식을 쌓는 것이 아니라 복음의 가르침대로 살며 주님의 뜻을 이루는 데 집중하게 하시옵소서. 내 삶의 평안과 소망은 안정된 삶을 살기 위하여 지식 물질 명예 지휘를 의지하는 것이 아니라 하나님의 은혜와 긍휼과 평강이 오직 예수 그리스도를 믿는 믿음에서 오는 것임을 깨닫게 하시옵소서. 주 안에서 가족 모두가 마음으로 소통하고 나누는 교회와 같은 가정이 되게 하시옵소서.

그러나 율법은 사람이 그것을 적법하게만 쓰면
선한 것임을 우리는 아노라 〈딤전 1:8〉

16. 오늘 말씀은 디모데전서 1:12~20
'감사의 이유와 선한 싸움'에 관한 말씀입니다

바울은 간증을 통하여 자신이 예수님을 모독하고 박해한 죄인의 괴수로 고백합니다. 하나님의 긍휼이 자신의 실수와 허물을 오래 참고 기다리셔서 믿지 않는 사람에게 본을 보이려고 하나님의 은혜로 복음(예수님을 믿음으로 구원받음)을 깨닫게 하시고 충성된 자로 여기셔서 직분을 맡기시고 이를 감당할 능력을 주심에 감사함의 교훈입니다.

하나님의 은혜와 긍휼로 오래 참으셔서 죄인을 구원하시고 사명과 직분을 맡기시어 이를 감당할 수 있는 능력을 주시는 하나님을 찬양합니다.

하나님의 전신갑주를 입고 말씀과 성령의 검으로 정사와 세상권세와 악한 권세와 싸워 승리하게 하시옵소서. 하나님이 함께 하시므로 거짓과 미움의 사탄의 영을 물리치고 선한 싸움을 오직 예수를 믿음으로 승리하게 하시는 하나님께 존귀와 영광과 감사를 드립니다. 말씀의 능력과 성령 충만으로 영적인 선한 싸움을 승리하게 하시옵소서.

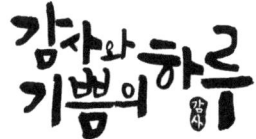

항상 기뻐하라 쉬지 말고 기도하라 범사에 감사하라
이것이 그리스도 예수 안에서 너희를 향하신 하나님의 뜻이니라 <데전 5:16~18>

17. 오늘 새벽기도 말씀은 디모데전서 2:1~15 '중보기도의 선한 행실'에 관한 말씀입니다

경건한 성도의 사역 중 기도는 자신과 다른 사람들을 위하여 기도와 간구, 도고와 감사를 드립니다. 사회를 바르게 인도하고 안정된 삶을 위하여 높은 지위의 지도자를 위하여 기도하며 간구는 자신의 필요와 결핍을 하나님께 구하는 것이며 도고(중보)는 자신 이외의 다른 사람을 위하여 간청하는 것이며 감사는 주님이 은혜로 주신 것에 대한 고마운 마음의 표시입니다. 우리의 기도는 기도와 간구, 도고, 그리고 감사가 균형을 이뤄야 합니다. 기도는 주권자이신 주님께 신뢰하는 믿음으로 경건하게 간절히 구하는 것임을 교훈합니다.

우리가 거룩한 손을 들어 기도함으로 하나님이 간절한 마음의 소원을 이루시는 하나님이심을 찬양합니다.

우리를 위하여 십자가에 죽으심으로 우리를 구원하신 예수 그리스도의 사랑이 우리 안에 늘 머물게 하시옵소서. 우리의 삶 속에서 그리스도의 향기가 드러날 수 있도록 하시옵소서.

하나님은 모든 사람이 구원을 받으며 진리를 아는 데에 이르기를 원하시느니라
〈딤전 2:4〉

4장 화평 157

18. 오늘 말씀은 디모데전서 6:1~10
'자족하는 마음이 세상유혹을 이김'에 관한 말씀입니다

그리스도의 말씀과 교훈을 따르지 않으면 진리를 잃어버리고 경건을 이익의 수단으로 여기는 다툼이 일어납니다. 자족하는 마음을 가지면 경건은 큰 유익이 되지만 돈을 추구하면 파멸에 이름을 교훈합니다.

가진 것이 많든 적든 자족하며 감사하는 마음을 주시는 하나님을 찬양합니다.

탐욕을 채우려 하나님을 떠나 있는 어리석은 사람이 되지 않게 하시고 경건의 능력을 나타내는 하나님의 사람이 되게 하시옵소서. 하나님이 주신 소명을 감당하며 먹을 것과 입을 것만 있어도 자족하는 성도가 되게 하시옵소서. 기쁨이 우리를 감사하게 하는 것이 아니라 감사가 우리를 기쁘게 하는 삶을 살게 하시옵소서. 하나님을 전적으로 신뢰하고 자족하는 삶을 살며 사랑을 실천하여 믿지 않는 사람들의 본이 되게 하시옵소서.

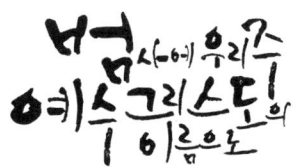

범사에 우리 주 예수 그리스도의 이름으로 항상 아버지 하나님께 감사하며 <엡 5:20>

19. 오늘 말씀은 욥기 3:1~10
'고통 속의 탄식, 출생을 저주'에 관한 말씀입니다

하나님이 자랑하는 욥(온전하고 정직하고 하나님을 경외하는 자)이 극심한 고통 속에서 자신의 입을 열어 출생을 저주합니다. 자신의 소유를 하루아침에 다 빼앗아가도 '주신 이도 하나님이시고 내 소유를 가져가실 이도 하나님이시다'는 1, 2장과는 다르게 기왓장으로 자기의 몸을 긁는 고통(바그다드 피부병)을 견디지 못하고 입을 열어 탄식합니다. 이는 인간의 나약한 모습을 토설('이는 내 모태의 문을 닫지 아니하여' 10절)하며 차라리 창조의 반대를 저주하지만 결국 욥의 존재 이유는 하나님이심을 교훈합니다.

욥의 탄식 가운데 우리의 약한 모습을 토설하고 고통 속에서도 하나님이 나의 존재 이유임을 알게 하신 하나님을 찬양합니다. 욥의 친구 엘리바스와 빌닷과 소발이 밤낮 칠일 동안을 고통받는 욥과 함께 하며 위로하고 공감하는 공동체로 세우심을 깨닫게 하심을 감사합니다.

우리의 상황이 극심한 고통 가운데 있어도 우리의 존재 이유가 하나님이심을 잊지 않게 하시옵소서. 우리가 처한 환난 가운데에도 우리를 위하여 십자가에 못 박혀 죽으신 그 주님의 사랑을 기억하게 하시옵소서. 우리가 지금 겪는 고통으로 앞이 캄캄하여도 우리를 사랑하시는 주님이 함께 하시므로 우리를 일으키시고 새롭게 하심을 믿고 기도하게 하시옵소서.

이는 내 모태의 문을 닫지 아니하여 내 눈으로 환난을 보게 하였음이로구나
〈욥 3:10〉

20. 오늘 말씀은 욥기 3:11~26
'영혼의 어둔 밤'에 관한 말씀입니다

욥은 고통 속에 탄식하며 죽음의 세계를 동경합니다. 재앙과 극심한 고난을 겪는 자신을 원망합니다. '내가 두려워하는 그 것이 내게 임하고 내가 무서워하는 그 것이 내 몸에 미쳤구나'(욥 3:25)라고 종의 마음을 토설합니다. 하나님이 연단과 고난을 통하여 욥을 새롭게 하시고 하나님의 자녀로 더 깊이, 더 크신 하나님의 사랑을 알게 하심의 교훈입니다.

내 한계와 경험을 넘어서 내가 알지 못하는 하나님을, 더 크신 하나님을 깨닫게 하시는 하나님을 찬양합니다.

지금 내가 겪는 고난 가운데 함께 하시는 하나님. 나의 죄와 허물을 대속하여 죽기까지 나를 사랑하셔서 하나님의 자녀로 함께 하시는 하나님이심을 알게 하시니 감사합니다. 감당하기 힘든 고난 가운데 하나님의 돌보심이 느껴지지 않아 불안하고 두려웠던 날들을 고백합니다.

현재 내가 겪는 고통 속에서도 하나님의 선하신 손에 제 삶을 맡기게 하시옵소서. 하나님만이 내가 태어나고 살아가는 이유임을 고백하며 살아가게 하시옵소서. 우리가 마주하는 삶의 극단에서 부활이라는 다른 창으로 세상을 바라볼 때 지금 내가 겪는 고난과 슬픔을 이기게 하시옵소서.

어찌하여 내가 태에서 죽어 나오지 아니하였던가
어찌하여 내 어머니가 해산할 때에 내가 숨지지 아니하였던가 〈욥 3:11〉

21. 오늘 말씀은 욥기 4:1~11
'고난의 미래적 의미'에 관한 말씀입니다

욥의 친구 엘리바스는 죄 없이 망한 자가 없고 정직한 자가 끊어짐이 없으며 악과 독을 뿌리면 그대로 거둔다고 충고합니다. 고난 가운데 함께 하시는 하나님이 인내와 연단을 통하여 성숙하게 되고 겸손과 온유하게 됨의 하나님의 계획이 있음을 교훈합니다.

고난을 과거의 원인에서 찾지 않고 미래적 의미로 하나님의 영광을 나타내기 위한 성숙과 겸손해지는 하나님의 목적과 계획이 있음을 알게 하시는 하나님을 찬양합니다. 고난 중에 함께 하시는 하나님을 의지하여 나아갈 때 우리를 새롭게 하시는 하나님을 신뢰합니다.

현재 내가 처한 상황이 힘들고 어렵더라도 우리와 함께 하시는 하나님만 의지하여 인내하고 견디며 나아가오니 하나님의 때에 우리를 일으켜 세우시고 우리를 크게 사용하여 주시옵소서.

다 하나님의 입 기운에 멸망하고 그의 콧김에 사라지느니라 〈욥 4:9〉

22. 오늘 말씀은 사도행전 1:1~11
'오직 성령이 너희에게 임하시면'에 관한 말씀입니다

그리스도인들은 교회력(부활절, 맥추감사절, 추수감사절, 성탄절)을 지키며 살아갑니다. 우리 인생은 끊임없이 계속되는 같은 날이 반복되며 살고 있지만 우리가 살아낸 하루하루가 다릅니다. 한편 그 무한한 시간 가운데 우리가 살아 온 날들이 인생의 네비게이션과 같이 우리의 기억을 저장하며 살아갑니다. 예수님을 믿고 의지하며 사는 그리스도인은 신령과 진정으로 예배하며 자신의 신앙을 지키며 날마다 마음이 새로워짐을 경험합니다. 습관처럼 반복되는 예배와 말씀과 기도 가운데 현재의 상황과 조건에 관계없이 성령 하나님이 함께 하시면 은혜와 평강을 누리는 삶의 교훈입니다.

오늘 레마의 말씀 가운데 성령이 우리에게 임하시면 우리의 문제를 하나님께 나아와 기도하므로 우리를 은혜와 평강으로 인도하시는 하나님을 찬양합니다. 제자들은 자신이 따르며 사랑하고 의지하던 예수님이 십자가에 못박혀 죽으시고 부활하시고 승천하시므로 상실과 허무와 우울과 좌절과 무력감 속에 빠져 있을 때 '오직 성령이 너희에게 임하시면 너희가 권능을 받고 예루살렘과 온 유대와 사마리아와 땅끝까지 이르러 내 증인이 되리라 하시니라'(사도행전 1:8)는 말씀에 따라 마가의 다락방에 모여 전심으로 기도할 때에 그 곳에 모인 성도들에게 성령님이 임하시어 새롭게 하시는 하나님께 존귀와 영광과 감사를 드립니다.

우리가 늘 깨어 기도하며 나아가므로 성령 하나님이 임하셔서 우리를 새롭게 하시고 하나님을 믿지 않는 사람들에게 하나님을 증거하는 삶을 살게 하시옵소서.

23. 오늘 말씀은 사도행전 2:1~13
'성령강림'에 관한 말씀입니다

유월절이 끝나고 초실절 칠칠절로 오순절이 가득 채워졌을 때 주의 이름으로 마가의 다락방에 모여 기도하던 성도들에게 하늘로부터 강한 바람 같은 소리와 불같은 것이 보이더니 교회 공동체에 역사하신 성령님이 성도들이 방언으로 말하여 이를 보는 각 나라 사람의 언어로 듣게 됨의 성령 충만함의 교훈입니다.

함께 모여 성령 충만하여 기도할 때에 방언의 은사를 허락하시고 그리스도의 십자가 능력을 증거케 하시는 하나님을 찬양합니다.

우리가 성전 중심의 신앙 생활을 통하여 공동체 가운데 성령 충만할 때 성령 강림의 은혜를 사모하게 하시옵소서. 오늘 주신 레마의 말씀을 내 마음에 새기고 이천 년 전 성령 강림의 은혜가 있게 하시옵소서. 성령님이 함께하셔서 교회 공동체가 Coram Deo 하나님 앞에서 하나 됨을 지키는 성숙한 제자 공동체가 되게 하시옵소서.

그들이 다 성령의 충만함을 받고 성령이 말하게 하심을 따라
다른 언어들로 말하기를 시작하니라 〈행 2:4〉

24. 오늘 말씀은 사도행전 2:14~47
'새롭게 하시는 성령님'에 관한 말씀입니다

베드로는 설교를 통하여 예수가 그리스도임을 선포하고 성령님이 함께 하시면 우리의 눈과 귀를 열어 나의 능력과 힘이 아닌 하나님의 꿈과 비전을 보게 하시고 복음과 부활을 증거하는 삶을 살게 됨의 교훈입니다.

예수 십자가의 죽음과 부활의 능력이 우리의 죄를 속량하신 하나님의 경륜과 계획을 나타내신 하나님을 찬양합니다.

'너희의 자녀들은 예언할 것이요 너희의 젊은이들은 환상을 보고 너희의 늙은이들은 꿈을 꾸리라'(행 2:17)는 말씀으로 우리가 하나님을 기억하고 감사하며 말씀 속에서 믿음의 씨앗을 키워가는 하나님의 사람으로 살게 하시옵소서. 세상을 살아가는 동안 구원의 기쁨과 복음을 전하는 사명을 감당하게 하시옵소서.

아베스가 이스라엘 하나님께 아뢰어 이르되 주께서 내게 복을 주시려거든 나의 지역을 넓히시고
주의 손으로 나를 도우사 나로 환난을 벗어나 내게 근심이 없게 하옵소서 하였더니
하나님이 그가 구하는 것을 허락하셨더라 <역대상 4:10>

25. 오늘 말씀은 사도행전 2:16~19
'부르심과 소명'에 관한 말씀입니다

베드로는 선지자 요엘의 말씀(욜 2:28~30)을 선포하며 성령이 임하시면 권능을 입고 땅 끝까지 복음을 전파하는 소명을 감당하게 되고 하나님의 말씀이 깨달아지고 하나님의 계시가 흘러 세대와 신분과 나라와 빈부와 관계없이 하나님 앞에서 하나가 되고 하나님의 비전과 소명을 이루심의 교훈입니다.

우리에게 성령이 임하셔서 구원의 도구가 되고 복음 전파의 사명을 감당하게 하시는 하나님을 찬양합니다.

때를 얻든지 못 얻든지 내가 딛고 서 있는 이곳이 선교와 복음 전파의 현장임을 알게 하시고 복음 전파의 사명을 실천하게 하시옵소서. 교회 공동체의 형제자매들이 성령 안에서 하나 됨을 지키는 사랑의 공동체가 되게 하시옵소서. 오늘 레마의 말씀으로 우리의 믿음이 새로워지고 변화되게 하시옵소서.

하나님이 말씀하시기를 말세에 내가 내 영을 모든 육체에 부어 주리니
너희의 자녀들은 예언할 것이요 너희의 젊은이들은 환상을 보고
너희의 늙은이들은 꿈을 꾸리라 〈행 2:17〉

26. 오늘 말씀은 사도행전 3:1~10
'예수 그리스도 이름의 능력'에 관한 말씀입니다

베드로와 요한이 성전 미문에서 구걸하는 나면서부터 못 걷게 된 앉은뱅이가 구걸하자 베드로가 은과 금은 없어도 내게 있는 나사렛 예수 그리스도 이름의 능력으로 '일어나 걸으라' 하고 손을 잡아 일으키니 발과 발목에 힘을 얻어 뛰어 서서 걸으며 하나님을 찬송하며 성전으로 들어갑니다. 예수 그리스도 이름의 능력이 나타남의 교훈입니다.

나사렛 예수 그리스도 이름의 능력을 의지하는 믿음이 태어나면서부터 못 걷는 앉은뱅이를 일으켜 걷게 됨의 기적이 되었음을 찬양합니다. 우리가 예수 그리스도 이름의 능력을 잊고 영적인 앉은뱅이가 되지 않도록 우리의 심령을 깨닫게 하시는 하나님을 경외합니다.

다윗이 블레셋 사람에게 이르되 '너는 칼과 창과 단창으로 내게 나아오거니와 나는 만군의 여호와의 이름 곧 네가 모욕하는 이스라엘 군대의 하나님의 이름으로 네게 나아가노라'(삼상 17:45)는 말씀으로 우리를 새롭게 하시는 하나님께 감사와 영광과 존귀를 드립니다.

교회 공동체의 형제자매들이 예수 그리스도 이름의 능력과 구원을 믿고 말씀에 순종하고 의지하며 살아가는 하나님의 사람으로 살게 하시옵소서.

> 베드로가 이르되 은과 금은 내게 없거니와 내게 있는 이것을 네게 주노니
> 나사렛 예수 그리스도의 이름으로 일어나 걸으라 하고 〈행 3:6〉

27. 오늘 말씀은 사도행전 4:23~37
'진동하는 기도'에 관한 말씀입니다

그리스도인은 환난의 날에 기도하고 즐거운 날 찬송하므로 하나님의 사람으로 인생을 사는 믿음의 사람입니다. 진실한 기도는 반드시 응답받기 위하여 기도하는 것보다 내 생각 내 사고를 넘어 하나님의 뜻을 구하고 하나님이 함께 하심 가운데 하나님의 말씀을 전하는 것이 가능케 됨을 간구하며 담대히 나아갈 수 있어야 합니다. 사람의 말보다 하나님의 말씀을 우선하여 하나님의 뜻을 헤아려 하나님이 기뻐하시는 하나님의 능력과 지혜를 간구함의 교훈입니다.

내가 처한 환경과 조건에 관계없이 하나님의 능력과 지혜를 믿고 의지하며 간구하며 담대히 나아가게 하시는 하나님을 찬양합니다.

내 영혼이 하나님의 말씀을 듣고 진리의 빛을 따라 성령 충만하여 주를 위하여 쓰임받는 하나님의 사람이 되게 하시옵소서. 고난과 역경 가운데에도 현실에 안주하여 나태하고 게으른 일상에 자신을 맡기는 삶이 아니라 하나님의 때와 방법으로 우리를 선인도 하시는 하나님을 기대하며 하나님의 비전과 꿈을 이루기 위하여 열정을 품고 다음세대의 믿음의 그루터기로 어제와 다른 오늘을 사는 적극적인 삶을 살게 하시옵소서. 교회 공동체의 형제자매가 서로를 위하여 함께 중보기도하며 나아갈 때 하나님의 도우심으로 우리를 새롭게 하시고 변화되게 하시옵소서.

> 믿는 무리가 한마음과 한 뜻이 되어 모든 물건을 서로 통용하고
> 자기 재물을 조금이라도 자기 것이라 하는 이가 하나도 없더라 〈행 4:32〉

28. 오늘 말씀은 사도행전 5:1~16
'아나니아와 삽비라'에 관한 말씀입니다

초대교회가 공동체의 필요에 따라 자신의 재산을 분배하는 유무상통으로 바나바가 그 소유를 팔아 공동체를 위하여 헌납합니다. 초대교회의 일원인 아나니아 삽비라 부부가 헌납할 때 전체 소유 중 일부를 감추어 성령을 속임으로 그 위선적인 행동에 대한 심판을 받습니다. 교회 안에 임재하신 성령하나님께 거짓말하는 죄악을 엄히 심판하심의 교훈입니다.

성령 하나님이 임재하시는 교회에서 거짓과 위선을 심판하시는 하나님을 경외합니다. 하나님의 교회가 어떻게 순전하고 거룩해야 하는지를 깨닫게 하시는 하나님을 찬양합니다.

오늘 레마의 말씀을 통하여 우리 마음을 감찰하시는 하나님을 향하여 돌이켜 회개함으로 하나님을 가까이 하게 하시니 감사합니다. 성령을 속이는 죄를 심판하심으로 교회 공동체를 거룩하게 하시는 하나님께 존귀와 영광과 감사를 드립니다.

교회 공동체의 형제자매들이 초대교회 하나님의 사람들과 같이 성령 안에서 하나님을 기쁘시게 하고 진동하게 하는 축복의 통로가 다 되게 하시옵소서.

> 심지어 병든 사람을 메고 거리에 나가 침대와 요 위에 누이고 베드로가 지날 때에 혹 그의 그림자라도 누구에게 덮일까 바라고 〈행 5:15〉

29. 오늘 말씀은 사도행전 6:1~7
'일곱 일꾼을 택함'에 관한 말씀입니다

교회 공동체 안에 구제와 행정을 전담하는 히브리파 제자들이 기득권을 내려놓고 헬라파 이방인들 중 성령 충만하고 칭찬받는 일곱 일꾼을 세우고 자신들은 말씀과 기도에 전념함으로 에이레네를 이루며 교회가 부흥함을 교훈합니다.

하나님의 사람 열두 사도가 제자들을 권면하여 오직 기도하는 일과 말씀 사역에 힘쓰도록 선인도 하시는 하나님을 찬양합니다. 위기의 때에 말씀에 순종하고 기도함으로 우리를 새롭게 하시는 하나님을 경외합니다.

교회 공동체의 형제자매들이 일곱 집사를 세움같이 내가 낮아지고 겸손함으로 사랑의 공동체를 이끄시는 예수님의 섬김을 실천하는 하나님의 사람이 되게 하시옵소서. 소소한 일상에도 감사함으로 하나님의 은혜와 기쁨이 충만한 삶을 살게 하시옵소서. 하나님의 때를 준비하며 예배와 일상이 회복되게 하시옵소서. 환경과 조건에도 불구하고 외부로부터의 영향(적당한 타협)보다 내적인 굳건한 믿음이 진정한 자기 혁신이 될 수 있는 참 그리스도인으로 살게 하시옵소서.

당신이 있어 행복해요 감사

> 복 있는 사람은 악인들의 꾀를 따르지 아니하며 죄인들의 길에 서지 아니하며 오만한 자들의 자리에 앉지 아니하고 오직 여호와의 율법을 즐거워하여 그의 율법을 주야로 묵상하는도다 <시편 1:1~2>

30. 오늘 말씀은 사도행전 8:1~8
'박해의 위기 속에 revival'에 관한 말씀입니다

스데반 집사의 순교 이후 교회와 그리스도인들의 박해가 심해지자 성도들이 유대와 사마리아 땅으로 흩어져 복음이 전파되어지는 하나님의 역사가 나타나게 됩니다. 고난의 때에 그리스도인의 태도가 하나님을 의지하여 흩어진 삶의 자리에서 복음을 전함으로 치유와 회복의 역사가 일어나고 기쁨과 소망과 revival의 역사가 일어나 위기를 기회로 바꾼 하나님의 역사가 나타남의 교훈입니다.

인생의 문제와 고난 가운데에도 삶의 자리를 하나님께 내어드려 하나님을 의지하여 하나님의 은혜와 능력을 체험케 하고 부흥의 역사를 이루시는 하나님을 찬양합니다. 지금 우리가 서 있는 자리에서 복음을 선포하고 하나님을 의지하여 나아가면 새로운 역사와 부흥이 시작됨을 깨닫게 하시는 하나님께 감사와 영광과 존귀를 드립니다.

성령 하나님 안에서 교회 공동체가 복음을 전파하는 소명을 감당함으로 하나 되는 역사를 이루어 주시옵소서. 위기의 때에 하나님을 향한 열정과 비전을 가지고 내 영혼의 분기점에서 오직 예수님만을 의지하게 하시옵소서.

> 많은 사람에게 붙었던 더러운 귀신들이 크게 소리를 지르며 나가고
> 또 많은 중풍병자와 못 걷는 사람이 나으니
> 그 성에 큰 기쁨이 있더라 〈행 8:7~8〉

5장 온유

온유한 자는 복이 있나니
그들이 땅을 기업으로 받을 것임이요
<마태복음 5:5>

사람이
친구를 위하여
자기 목숨을 버리면
이보다
더 큰 사랑이
없나니

요한복음 15:13

5-1. 오늘 말씀은 사도행전 9:1~9
'예수님을 만난 사울'에 관한 말씀입니다

이방인의 사도 바울(헬라식 이름)이 다메섹 도상에서 부활하신 예수님의 음성을 듣고 엎드려져 사흘 동안 보지 못하고 먹지도 못하고 회심합니다. 하나님이 이방인의 전도를 위하여 택하신 그릇 사도 바울을 부르심의 교훈입니다.

내 뜻과 내 방식으로, 인간의 의지와 능동적으로 조작할 수 없는 하나님의 때에 하나님의 방법으로 개입하셔서 사명(이방인의 사도)을 감당케 하시는 '카이로스'의 하나님을 찬양합니다.

우리의 삶 속에서 나의 부르짖는 소리보다 하나님의 소리(나를 찾으시는 소리)가 훨씬 더 크고 강력하심을 기억하며 살아가게 하시옵소서. 오늘 주신 레마의 말씀을 통하여 믿음은 '궁극적인 관심'으로 '하나님께 사로잡힌 것(Paul Tillicn)'이라는 것을 깨닫게 하심을 무한 감사합니다.

교회 공동체의 형제자매 모두가 사도 바울과 같이 선교와 복음 전파의 사명과 비전을 품고 실천하는 하나님의 사람이 되게 하시옵소서.

땅에 엎드려져 들으매 소리가 있어 이르시되
사울아 사울아 네가 어찌하여 나를 박해하느냐 하시거늘
대답하되 주여 누구시니이까 이르시되 나는 네가 박해하는 예수라 〈행 9:4~5〉

2. 오늘 말씀은 사도행전 9:10~22
'아나니아와 사울의 만남'에 관한 말씀입니다

주께서 제자 아나니아를 통해 사울을 찾아 안수하게 하여 아나니아가 '다메섹에서 만난 예수님이 나를 보내 너를 보게 하시고 성령 충만케 하신다'고 하고 사울에게 세례를 주고 하나님이 택하여 부르신 복음 전파의 사명을 확증하여 사울이 이방인의 사도로 주의 소명을 감당하게 됨의 교훈입니다.

교회를 박해하던 사울을 아나니아를 통해 새롭게 하시고 죽기까지 이방인의 복음 전파의 사명을 감당케 하시는 하나님을 찬양합니다. 교회를 핍박하는 것이 예수님을 핍박하는 것이고 교회를 사랑하는 것이 예수님을 사랑하는 것임을 알게 하시니 감사합니다.

성령 하나님 안에서 복음으로 하나 되는 역사를 이루어지게 하시옵소서. 하나님의 꿈과 비전이 나의 소망이 되고 청년의 때에 열정을 가지고 크게 쓰임 받는 축복의 통로가 되게 하시옵소서.

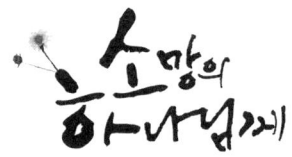

소망의 하나님이 모든 기쁨과 평강을 믿음 안에서 너희에게 충만하게 하사
성령의 능력으로 소망이 넘치게 하시기를 원하노라 <롬 15:13>

3. 오늘 말씀은 사도행전 9:32~43
'베드로를 통한 하나님의 뜻'에 관한 말씀입니다

베드로는 예루살렘을 떠나 이방 땅 룻다와 욥바에서 팔 년 된 중풍병자 애니아야를 고치고 선행하다 죽은 도르가를 살리는 이적으로 많은 사람들이 주를 믿게 됩니다. 베드로는 주로 유대인들을 상대로 복음을 전파했으나 자신의 생각과 경험(믿음과 신앙)을 넘어 하나님의 뜻은 이방인에게도 복음이 전파되는 것이므로 '우물 안의 개구리'(정저지와)처럼 자신의 생각과 경험으로 하나님을 제한하지 말고 열린 마음이 필요함을 교훈합니다.

성령 하나님의 인도하심으로 자신의 생각과 경험으로 하나님의 능력과 뜻과 계획을 제한하지 않도록 깨닫게 하시는 하나님을 찬양합니다.

성령 하나님이 함께 하셔서 교회 공동체의 형제자매들에게 열린 마음과 열정이 있게 하시고 하나님의 뜻과 비전을 가지고 실천하게 하시옵소서. 우리가 열린 마음으로 주의 일을 크게 감당하는 축복의 통로가 되게 하시옵소서.

베드로가 손을 내밀어 일으키고
성도들과 과부들을 불러 들여 그가 살아난 것을 보이니
온 욥바 사람이 알고 많은 사람이 주를 믿더라 〈행 9:41~42〉

4. 오늘 말씀은 사도행전 11:1~18
'교회다움'에 관한 말씀입니다

베드로와 백부장 고넬료와의 만남 가운데 초대교회의 갈등 요인(유대인과 이방인이 함께 어울리지 않음)이 영혼 구원의 복음으로 유대인과 이방인이 함께 어울려 하나님 안에서 하나가 됨의 교훈입니다.

탈 교회가 가속화 되어지는 시대에 그리스도인이 간직해야 할 핵심 가치는 복음의 진리인 영혼 구원이며, 이를 믿고 전파하는 것임을 깨닫게 하시는 하나님을 찬양합니다.

우리 모두가 교회 공동체의 일원으로 교회가 영혼 구원의 공동체이며 내 생각과 내 경험, 내 감정이 아닌 하나님의 뜻을 수용하고 잠잠히 하나님께 영광을 돌리게 하시옵소서. 교회 공동체의 형제자매 모두가 교회의 핵심가치인 영혼구원의 사명을 잘 감당하며 기본에 충실한 하나님의 사람이 되게 하시옵소서.

그런즉 하나님이 우리가 주 예수 그리스도를 믿을 때에
주신 것과 같은 선물을 그들에게도 주셨으니 내가 누구이기에
하나님을 능히 막겠느냐 하더라 〈행 11:17〉

5. 오늘 말씀은 사도행전 13:1~12
'안디옥교회에 약한 자를 세우심'에 관한 말씀입니다

안디옥교회를 위하여 바나바와 함께 니게르(흑인)라 하는 시몬과 구레네 사람 루기오와 헤롯 안티파스(예수님을 핍박)의 젖동생 마나엔과 같은 이방인들로 사울과 함께 약한 자들을 세우셔서 사명을 감당케 하시는 하나님의 섭리와 경륜을 교훈합니다.

일개 목동인 다윗과 같이 약한 자를 들어 세우셔서 주의 사명을 감당케 하시는 하나님을 찬양합니다.

오늘 레마의 말씀을 통하여 부족하고 약하지만 하나님이 들어 세우셔서 사용하심으로 주의 사명을 감당케 하시고 교회를 부흥하게 하시는 하나님께 존귀와 영광과 감사를 드립니다. 교회 공동체가 하나님의 은혜 가운데 예배와 말씀을 사모하고 주님이 주신 사명을 위하여 많은 동역자를 붙여 주시어 서로 합력하여 선을 이루게 하시옵소서.

여호와는 나의 목자시니 내게 부족함이 없으리로다 그가 나를 푸른 풀밭에 누이시며
쉴 만한 물가로 인도하시는도다 <시편 23:1~2>

6. 오늘 말씀은 사도행전 13:43~52
'복음은 능력입니다'에 관한 말씀입니다

바울이 바나바와 함께 1차전도 여행 중 복음을 선포하고 증거할 때 성령의 역사가 일어나 복음이 이방인에게 확장 전파하게 됩니다. 유대인들이 시기(jealous 하나님의 영광을 뺏으려는 마음)하여 박해하고 이들을 쫓아내지만 비시디아 안디옥의 이방인들이 다 믿고 기뻐하며 찬송하고 주의 말씀이 전파되고 이고니온으로 복음이 확장되어짐을 교훈합니다.

오늘 레마의 말씀을 통하여 우리의 신앙생활이 1st 복음 안에서 은혜를 체험하고 2nd 변화된 삶 속에서 새로워지게 되는 것을 깨닫게 하시는 하나님을 찬양합니다.

임마누엘 하나님이 우리와 함께 하심으로 우리의 믿음이 더욱 새로워지고 굳세게 하시옵소서. 교회 공동체의 형제자매가 하나님이 우리에게 주신 복음 전파의 사명을 감당할 때 성령의 역사와 하나님의 은혜와 능력을 체험하고 청년부가 부흥하게 되는 축복의 통로가 되게 하시옵소서.

주께서 이같이 우리에게 명하시되 내가 너를 이방의 빛으로 삼아
너로 땅 끝까지 구원하게 하리라 하셨느니라 하니 〈행 13:47〉

7. 오늘 말씀은 사도행전 14:1~18
'루스드라 복음전파와 이적'에 관한 말씀입니다

바나바와 바울이 복음 전파와 함께 복음의 능력이 치유와 회복의 역사가 일어나 루스드라에서 앉은뱅이가 걷게 되자 복음이 확장되어 지고 사람의 형상으로 우리 가운데 나타난 신으로 여기자 '우리도 사람이라'며 하나님이 우리를 구원하시고 하나님께 돌아오게 하신 복음의 능력을 교훈합니다.

말씀을 듣고 이를 자신의 믿음으로 받아들이면 하나님의 구원이 예정된 사람임을 알게 하신 하나님을 찬양합니다.

우리가 힘들고 어려울 때에 믿음의 주요 또 온전하게 하시는 주님만을 바라보며 의지하게 하셔서 우리를 새롭게 하시고 우리의 믿음을 굳건하게 하시옵소서. 형제자매 모두가 예배와 말씀을 사모하게 하셔서 하나님의 은혜와 능력 안에 있게 하시옵소서. 다니엘과 같이 정한 시간 기도하게 하셔서 성령 안에서 하나 됨을 지키는 사랑의 공동체가 되게 하시옵소서.

큰 소리로 이르되 네 발로 바로 일어서라 하니
그 사람이 일어나 걷는지라 〈행 14:10〉

8. 오늘 말씀은 사도행전 15:1~11
'예루살렘 공의회(율법준수:할례)'에 관한 말씀입니다

초대교회 공의회에서 전통적인 유대교회 관습인 할례를 해야 구원받는다는 율법을 이방인 개종자들에게 적용하지 않고 예수 그리스도를 믿으면 구원받음을 선포하게 됨의 교훈입니다.

공의회의 수장 베드로에 의해 본질적인 것은 썩어져 가는 구습을 벗어나 믿음으로 구원받는 것임을 확증케 하시는 하나님을 찬양합니다. 오늘 레마의 말씀으로 내 것과 내 마음이 아닌 하나님의 마음과 하나님의 관점에서 말씀을 전하고 지키고 행하므로 본질이 아닌 것에 천착하지 말고 영혼 구원과 전도의 사명을 감당할 것을 깨닫게 하시는 하나님을 경외합니다.

내 생각과 내 마음이 아닌 하나님의 마음과 관점에서 본질적인 것에 더 치중하는 하나님의 지혜를 간구하게 하시옵소서. 남을 보지 말고 스스로를 돌아보게 하여 더욱 겸허함으로 성령 하나님 안에서 하나 됨을 지키는 사랑의 공동체가 되게 하시옵소서. 교회의 본질에 충실하여 지금 내가 속한 그 자리에서 선교와 전도의 사명을 감당하는 축복의 통로가 되게 하시옵소서.

그러나 우리는 그들이 우리와 동일하게
주 예수의 은혜로 구원 받는 줄을 믿노라 하니라 〈행 15:11〉

9. 오늘 말씀은 사도행전 16:1~5
'바울이 원했던 교회의 모습'에 관한 말씀입니다

바울은 더베와 루스드라를 거친 2차 전도 여행에 믿음의 영적 아들 디모데와 동행하며 선교와 전도의 사명을 감당하며 하나님 나라를 확장하게 됨의 교훈입니다.

교회는 성도의 허물을 덮어주는 곳이며 신실한 일꾼이 세워져 선교와 전도의 사명을 감당하는 곳임을 깨닫게 하시는 하나님을 찬양합니다.

교회의 형제자매가 하나님이 우리에게 주신 선교와 전도의 사명을 감당할 때 우리의 문제와 갈등이 치유되고 에이레네를 이루며 우리의 믿음이 회복되게 하시옵소서. 성도의 허물을 덮어주는 그리스도의 마음을 품는 사랑의 공동체가 되게 하여 주시옵소서. 선교와 전도의 비전을 위하여 기도하게 하시고 신실한 일꾼이 세워져 하나님 나라를 확장하고 부흥하게 하시옵소서.

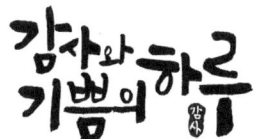

항상 기뻐하라 쉬지 말고 기도하라 범사에 감사하라
이것이 그리스도 예수 안에서 너희를 향하신 하나님의 뜻이니라 <데전 5:16~18>

10. 오늘 말씀은 사도행전 18:1~11
'고린도 전도'에 관한 말씀입니다

사도바울이 2차 전도여행의 목표지인 영적인 거점도시 고린도에 1년 6개월을 머물며 복음 전파의 사역을 감당함의 교훈입니다.

고란도에서 브리스길라를 만나 에베소까지 동행하며 복음을 증거하고 하나님의 때에 사도 바울이 디도 유스도와 회당장 그리스보와 함께 많은 고린도 사람이 주를 믿고 세례를 받게 하시는 하나님을 찬양합니다.

오늘 레마의 말씀으로 '하나님의 사람 사명자는 복음전파의 사명을 감당하기 전에 죽지 않는다'는 울림을 주시고 깨닫게 하시는 하나님께 존귀와 영광과 감사를 드립니다.

사랑의 하나님,
형제자매들이 예배를 사모하게 하시고 말씀과 성령의 제자로 세워지며 믿음이 깊어져 태신하고 전도의 사명을 감당하는 하나님의 사람이 되게 하시옵소서. 교회가 성령 하나님 안에서 복음으로 하나 되고 부흥하는 역사를 이루어 주시옵소서. 나눔과 섬김을 즐거워하며 말씀에 순종하여 성령의 열매를 맺고 그리스도의 향기가 드러나는 삶을 살게 하시옵소서.

밤에 주께서 환상 가운데 바울에게 말씀하시되
두려워하지 말며 침묵하지 말고 말하라 〈행 18:9〉

11. 오늘 말씀은 사도행전 18:12~23
'길을 만드시는 하나님'에 관한 말씀입니다

바울이 고린도에서 2차 전도여행 중 하나님의 구원계획으로 성도들의 수가 많아지자 유대인들이 기독교를 이단이라고 바울을 고소하였고 갈리오 총독은 이를 기각하고 하나님이 동역자를 예비하시고 길을 만드셔서 하나님의 사람 브리스길라와 아굴라 부부가 바울과 함께 하며 에베소에서 충성과 헌신으로 복음 전도의 사명을 감당함의 교훈입니다.

고난 중에도 낙심하지 않고 하나님의 뜻이 이 땅 가운데 이루어짐을 확신하며 함께 하시는 하나님을 의지하여 충성과 헌신으로 복음 전파의 사명을 감당케 하시는 하나님을 찬양합니다. '내가 환난 중에 다닐지라도 주께서 나를 살아나게 하시고 주의 손을 펴사 내 원수들의 분노를 막으시며 주의 오른손이 나를 구원하시리이다'(시편 138편 7절) 말씀으로 우리를 새롭게 하시는 하나님을 경외합니다.

하나님의 사람 브리스길라와 아굴라 부부처럼 주님이 주신 사명을 충성과 헌신으로 감당케 하시옵소서.

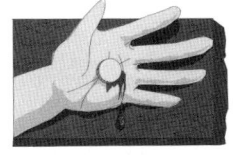

얼마 있다가 떠나 갈라디아와 브루기아 땅을 차례로 다니며
모든 제자를 굳건하게 하니라 〈행 18:23〉

12. 오늘 말씀은 사도행전 20:1~16
'유두고 사건'에 관한 말씀입니다

교회가 세워지기까지 전도하는 바울 사도가 3차 전도여행 중 드로아에서 한밤중까지 강론할 때 유두고라는 청년이 창에 걸터앉아 설교를 듣다가 졸음을 이기지 못해 삼 층에서 떨어져 죽었으나 바울 사도가 강론을 멈추고 내려가 유두고 위에 엎드려 그 몸을 안고 간절히 기도하므로 하나님이 역사하셔서 살아 난 청년으로 함께 있던 많은 사람들이 큰 위로를 받음의 교훈입니다.

낮에 일하고 늦은 밤 피곤한 몸으로 말씀을 듣다 졸음을 못 이겨 떨어져 죽은 유두고 청년을 바울 사도가 안수하고 긍휼하심으로 역사하셔서 유두고 청년을 살리신 하나님을 찬양합니다. 하나님의 사도 바울을 통하여 늦은 밤까지 하나님을 증거하고 하나님 말씀을 선포하게 하시고 말씀을 사모하는 유두고 청년을 살리신 하나님을 경외합니다.

임마누엘의 하나님.
교회 공동체가 말씀을 사모하게 하시고 유두고와 같이 말씀이 좋아 밤을 새우는 '카이로스의 시간'을 경험하게 하시옵소서.

사람들이 살아난 청년을 데리고 가서 적지 않게 위로를 받았더라 〈행 20:12〉

13. 오늘 말씀은 사도행전 20:17~38
'바울의 밀레도 고별설교'에 관한 말씀입니다

바울이 밀레도에서 에베소 장로들을 청하여 오직 성령에 매여 이제 예루살렘에 가면 결박과 환난이 있고 다시 볼 수 없는 상황을 예감하며 고별 설교를 합니다. '내가 달려갈 길과 주 예수께 받은 사명, 곧 하나님의 은혜의 복음을 증언하는 일을 마치려 함에는 나의 생명조차 조금도 귀한 것으로 여기지 아니하노라'(사도행전 20:24)는 고백으로 목숨보다 소중한 복음 전파의 사명자의 길을 택하게 하신 하나님의 은혜를 교훈합니다.

시베리아 감옥에서 의사 코른벨트가 죽어가던 청년(솔제니친)을 수술하여 살리고 그리스도의 복음을 전한 후 규칙 위반으로 사형을 당하면서 '그리스도 안에서 결코 후회하지 않는다'는 마지막 말을 남긴 레마의 말씀으로 우리를 새롭게 하시는 하나님을 찬양합니다. 사도 바울을 통하여 복음 전파의 사명이 생명보다 귀한 일임을 눈물로 강론하며 세계 선교의 문을 여는 사명자의 길을 걷게 하신 하나님을 경외합니다.

인생의 고난과 역경 가운데에도 예수 십자가의 고통을 기억나게 하시고 오직 예수로 영혼 구원의 복음의 은혜를 깨닫게 하시는 하나님께 존귀와 영광과 감사를 드립니다. 오늘 레마의 말씀처럼 하나님의 꿈과 비전을 품게 하시고 내게 주신 복음 전파의 사명을 감당할 수 있는 축복의 통로가 되게 하여 주시옵소서.

보라 이제 나는 성령에 매여 예루살렘으로 가는데
거기서 무슨 일을 당할는지 알지 못하노라 〈행 20:22〉

14. 오늘 말씀은 사도행전 22:1~15
'결박 당한 바울의 변론'에 관한 말씀입니다

바울이 예루살렘 성전에 헬라인(드로비모)과 함께 성전에 들어간 줄로 알고 유대인들이 바울을 소동하여 죽이려 할 때 천부장과 군인들에 의해 결박 당하고 로마시민으로 천부장의 허락을 받아 백성들에게 변론하게 됩니다.

사도 바울이 결박 당한 상태로 그 당시 율법과 관례에 따라 사용하던 아람어로 유대인들을 상대로 담대히 하나님을 증거하는 설교와 같은 변론을 하며 바울이 다메섹 도상에서 부활하신 예수님을 만나 유대인으로부터 존경받던 아나니아에게 안수받고 그를 통하여 하나님의 주권적인 섭리로 부르심을 받고 이방인을 위하여 복음을 전파하며 하나님을 증거하는 사명을 받게 되었음을 교훈합니다.

사도 바울을 통하여 하나님의 부르심으로 하나님의 능력을 품고 하나님 나라를 증거하며 복음 전파의 사명자로 살게 하시는 하나님을 찬양합니다.

우리도 하나님의 은혜로 구원받은 자녀로서 십자가의 도와 그리스도의 복음을 증거하며 복음 전파의 사명자로 살게 하시옵소서.

그가 또 이르되 우리 조상들의 하나님이 너를 택하여
너로 하여금 자기 뜻을 알게 하시며 그 의인을 보게 하시고
그 입에서 나오는 음성을 듣게 하셨으니 〈행 22:14〉

15. 오늘 말씀은 사도행전 23:1~11
'양심을 따라 하나님을 섬김'에 관한 말씀입니다

사도 바울이 로마 황제에게 상소하여 로마에 가기 전 예루살렘 공회 앞에서 양심을 따라 하나님을 섬겼다고 증언함으로 양심이 말씀 앞에 성화되어지고 깨끗하고 정직해야 함을 교훈합니다.

마루틴 루터가 종교개혁을 위하여 죽음을 불사하고 참여한 1521년 보름스 회의에서 내 양심은 하나님과 말씀에 묶여 있어 하나님께 순종하여 양심을 따라 진행하는 종교개혁을 멈출 수 없음을 선언합니다.

양심은 내 마음의 현재 율법의 기준이 되어 창문의 창과 같아 창이 흐리면 햇빛을 볼 수 없듯이 깨끗하고 투명하고 정직함을 따라 하나님을 섬기게 하시는 하나님의 섭리를 찬양합니다.

사도 바울이 범사에 양심을 따라 하나님을 섬김같이 우리도 양심을 따라 말씀 앞에 성화되어져 하나님을 섬기게 하시옵소서. 자기 양심이 화인을 맞아서 외식함으로 거짓말하는 사람이 되지 않도록 성령님 우리를 선인도하여 주시옵소서. 우리 모두가 양심을 따라 하나님을 섬기고 말씀으로 성화되어지는 삶을 사는 하나님의 사람이 되게 하시옵소서.

그 날 밤에 주께서 바울 곁에 서서 이르시되 담대하라 네가 예루살렘에서 나의 일을 증언한 것 같이 로마에서도 증언하여야 하리라 하시니라 〈행 23:11〉

16. 오늘 말씀은 사도행전 26:1~18
'아그립바왕 앞에서 바울의 변론'에 관한 말씀입니다

사도 바울은 아그립바 왕 앞에서 자신이 유대교를 신봉한 바리새인으로 예수님을 알기 전 누구보다 교회를 핍박했으며 예수쟁이를 죽이는 데 앞장섰으나 부활하신 예수님을 다메섹 도상에서 만나 이방 선교의 사명자로 하나님의 부르심을 받고 목숨보다 소중한 복음 전파의 사명을 감당하고 있음을 담대히 선포합니다.

사도 바울 자신이 처한 환경과 여건 속에서도 아그립바 왕 앞에서 하나님이 주신 복음 전파의 사명을 담대히 선포하고 이를 감당케 하시는 하나님을 찬양합니다.

'또한 모든 것을 해로 여김은 내 주 그리스도 예수를 아는 지식이 가장 고상하기 때문이라 내가 그를 위하여 모든 것을 잃어버리고 배설물로 여김은 그리스도를 얻고'(빌립보서 3:8) 오늘 레마의 말씀으로 어둠에서 빛으로 사탄의 권세에서 하나님께로 돌아오는 자유의 몸을 자랑하는 행복한 삶을 증거하는 사도 바울의 믿음으로 도전받고 결단하는 시간 되게 하심을 감사합니다. 언제 어디서든지 사도 바울처럼 하나님 안에서 복음 전파의 사명을 감당하며 구원받은 자녀의 삶을 살게 하시옵소서.

그 눈을 뜨게 하여 어둠에서 빛으로, 사탄의 권세에서 하나님께로 돌아오게 하고 죄 사함과 나를 믿어 거룩하게 된 무리 가운데서 기업을 얻게 하리라 하더이다
〈행 26:18〉

17. 오늘 말씀은 사도행전 26:19~32
'예수에 미친 사람 사도바울'에 관한 말씀입니다

헤롯 아그립바 왕 앞에서 사도 바울이 그리스도가 고난 받고 죽은 자 가운데서 다시 살아 나사 이스라엘과 이방인을 구원한 복음을 전하므로 베스도 총독이 네 많은 학문으로 예수에 미쳤다 하고 바울이 나와 같이 되기를 하나님께 원한다 하며 담대하게 복음을 선포합니다. 바울이 환경에 얽매이지 않고 영적인 권위(sprital degree)와 확신으로 담대히 복음을 선포함을 교훈합니다.

사도 바울을 통하여 목숨보다 소중한 복음 전파의 사명을 감당하며 영적 권위와 확신으로 담대히 복음을 증거케 하시는 하나님을 찬양합니다.

우리가 어떤 환경과 여건 가운데에도 하나님을 향한 영적 사모함으로 거룩한 부담을 가지고 복음을 증거하는 삶을 살게 하시옵소서. 하나님을 향한 열정과 비전을 품고 복음 전파의 도구가 되게 하시고 선한 청지기로서의 삶을 살게 하시옵소서.

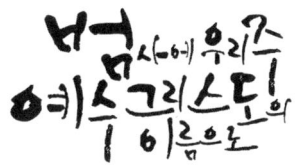

범사에 우리 주 예수 그리스도의 이름으로 항상 아버지 하나님께 감사하며 <엡 5:20>

18. 오늘 말씀은 마태복음 1:18~25
'예수의 나심은'에 관한 말씀입니다

보라 처녀가 잉태하여 아들을 낳을 것이요 그의 이름은 임마누엘이라 하리라(이사야 7:14)는 말씀을 성취하려 이 땅에 여자의 몸에서 나신 예수님이 성육신하셔서 인류를 구원하시려고 낮고 천한 말구유로 시간 속으로 오시고 무한에서 유한한 이 세상에 오신 임마누엘 하나님의 성탄을 교훈합니다.

오늘 레마의 말씀 중 독일에서 신학을 공부할 때 교수 한 분이 여러분 중에 살아계신 하나님을 만난 사람 있나요? 라고 묻고 수강하던 여러 학생 중 유일하게 손을 든 김요석 목사에게 교수가 "하나님의 손이 차갑던가요 뜨겁던가요?"라고 되물으실 때 아무 말도 못하고……

몇 십 년이 지난 소록도 나환자촌 첫 설교를 마치고 예배 중 성도들의 흉칙한 얼굴을 보고 목회를 포기하려 도망치듯 교회를 떠나려 나가던 김요석 목사에게 할머니 한 분이 다가와 손을 잡고 내가 60년 만에 몸이 멀쩡한 목회자를 처음 본다며 너무 감사하다고 뭉득한 손으로 부비며 반길 때 몇 십년 전 독일에서 교수가 목사님께 던진 하나님의 손이……그 손이 바로 지금 할머니가 붙잡는 하나님의 손이란 걸 뒤늦게 깨달았습니다 ― 잊혀진 사람들의 마을 중에서 김요석 목사 지음 ―

내가 하나님을 만난 것이 아니라 하나님이 내 손을 붙잡아 주심을 알게 하신 하나님을 찬양합니다.

하나님, 늘 주의 일을 감당할 때에 주여 내 손을 붙잡아 주시옵소서

19. 오늘 말씀은 사도행전 27:1~20
'바울이 로마로 압송되다'에 관한 말씀입니다

바울이 알렉산드리아 배로 로마로 압송되어 갈 때 구브로 해안을 따라 길리기아와 밤빌리아 바다를 건너 미항에 이르러 바울이 그들에게 이곳에 머무르기를 권면하자 백부장 율리오가 듣지 아니하고 베닉스 항구로 향하여 갈 때 풍랑을 만나 여러 날 동안 해도 별도 보지 못하여 큰 위기를 만납니다. 세상 사람들은 명예와 이익을 따라 일을 결정하지만 하나님의 사람은 자신의 지식과 경험과 여론보다 하나님의 말씀을 의지하여 나아가므로 시간이 지나 하나님의 권면이 최선의 길이었음을 깨닫게 되는 교훈입니다.

사람의 생각과 경험과 여론보다 하나님 말씀에 의지하고 순종하면 결국 평안과 최선의 길로 인도하시는 하나님을 찬양합니다. '사람이 마음으로 자기의 길을 계획할지라도 그의 걸음을 인도하시는 이는 여호와시니라'(잠언 16:9)는 말씀으로 우리를 새롭게 하시고 평안케 하시는 하나님을 경외합니다.

언제 어느 곳에서든지 하나님을 향한 나의 시선을 붙들어 주시고 여호와께 나의 행사를 맡기는 하나님의 사람이 되게 하시옵소서. 하나님의 뜻을 분별하고 하나님을 향한 나의 비전과 열정을 품게 하셔서 크게 쓰임받는 도구가 되게 하시옵소서.

> 하되 여러분이여 내가 보니 이번 항해가 하물과 배만 아니라 우리 생명에도
> 타격과 많은 손해를 끼치리라 하되 〈행 27:10〉

20. 오늘 말씀은 사도행전 27:21~44
'영적 권위-광풍 속에 빛나다'에 관한 말씀입니다

바울이 탄 배가 풍랑을 만나 구원의 여망이 없어진 듯 표류하는 중 바울과 함께 하시는 하나님이 주신 사명을 감당하여야 하므로 로마의 황제 가이사 앞에서 복음을 선포하기 전에 안전하다는 바울의 권면을 듣고 음식을 먹고 배에 탄 276명 전원이 멜리데 섬에 섬에 상륙하여 구조됩니다. 사명을 전해야 할 사도 바울의 영적인 권세와 확신으로 광풍 속에서 살아계신 하나님을 증거케 하며 영적 리더가 되는 교훈입니다.

하나님의 사람 사도바울을 통하여 하나님이 주신 사명을 감당하기 위한 영적 권위와 확신으로 광풍 속에서 더욱 빛나게 하시는 하나님을 찬양합니다. 고난과 역경 가운데 하나님의 음성을 붙들고 기도하며 나아갈 때 우리를 새롭게 하시고 승리하게 하시는 하나님을 경외합니다.

우리가 삶 속에서 유라굴라와 같은 광풍을 만날 때 하나님이 내게 주신 사명을 감당하며 잠잠이 나아가게 하시옵소서. 모든 상황 속에서 하나님의 은혜와 능력으로 우리를 평안케 하시고 새롭게 하시옵소서.

청년의 때에 내게 주신 하나님의 사명과 비전을 품게 하시고 열정으로 감당하게 하시어 하나님의 은혜와 능력을 체험하고 실천하게 하시옵소서.

> 바울아 두려워하지 말라 네가 가이사 앞에 서야 하겠고
> 또 하나님께서 너와 함께 항해하는 자를 다 네게 주셨다 하였으니 〈행 27:24〉

21. 오늘 말씀은 사도행전 28:15~22
'쇠사슬을 끊는 소망'에 관한 말씀입니다

사도 바울이 로마 감옥에서 하나님 나라를 전하고 예수 그리스도의 복음을 전파하며 죄수의 신분으로 자기 초월의 능력을 나타냅니다. 하나님을 신뢰하며 하나님의 은혜와 사랑을 향한 그리스도인의 소망을 교훈합니다.

로마 감옥에서 사도 바울을 통하여 하나님 나라와 의를 위하여 강론하며 복음을 증거하게 하시는 하나님의 경륜을 찬양합니다.

그리스도인으로서 하나님 사랑 이웃 사랑을 실천하며 자꾸 자꾸 하나님을 바라보고 의지하며 나아가는 삶을 허락하여 주시옵소서. 내가 가진 시간과 물질을 영원한 하나님 나라와 영광을 위하여 온전히 사용하게 하시옵소서. 내 인생의 목적과 방향이 하나님 뜻 가운데 바른 소망이 되게 하시고 하나님을 향한 비전과 열정을 품게 하시옵소서.

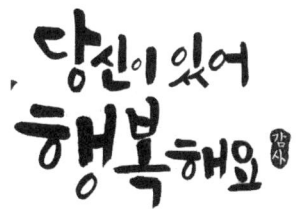

복 있는 사람은 악인들의 꾀를 따르지 아니하며 죄인들의 길에 서지 아니하며 오만한 자들의 자리에 앉지 아니하고 오직 여호와의 율법을 즐거워하여 그의 율법을 주야로 묵상하는도다 <시편 1:1~2>

22. 오늘 말씀은 마가복음 1:1~8
'주의 길을 준비하라'에 관한 말씀입니다

하나님의 아들 예수그리스도의 시작이라(막1:1)
'유앙겔리온'(복음 : 기쁜 소식, 좋은 소식) 복음의 시작으로 참된 자유와 해방, 죄의 사슬이 끊어지고 생명의 말씀으로 새로워짐을 선포합니다.

내게 강팍하고 묵은 습관, 죄의 습성을 내려놓고 회개할 때 회복의 영이 함께 함을 깨닫게 하시는 하나님을 찬양합니다.

죄 사함을 받기 위한 참된 회개가 있게 하시고 회복의 영이 함께 하게 하시옵소서. 우리가 하나님을 향한 영적 목마름과 갈급함으로 말씀을 사모하게 하시고 은혜와 회개의 자리에 있게 하시옵소서. '주의 길을 준비하라'는 새벽기도 중 레마의 말씀으로 내게 주시는 특별한 은혜의 자리에 함께 하게 하시니 감사합니다.

정한 시간 무릎기도하며 나아감으로 우리를 새롭게 하시고 구별된 삶을 살게 하게 하시옵소서.

아들을 낳으리니 이름을 예수라 하라 이는 그가 자기 백성을
그들의 죄에서 구원할 자이심이라 하니라 〈마 1:21〉

23. 오늘 말씀은 마가복음 1:7~11 '너는 내 사랑하는 아들이라 내가 너를 기뻐하노라'에 관한 말씀입니다

요한에게 예수님이 요단강에서 세례 받을 때 성부 성자 성령이 함께 하는 가운데 하나님의 음성을 듣습니다. 세상의 기준은 '내가 누구냐'(남자는 능력 여자는 외모)로 거짓 자아이지만 갓난아기가 엄마의 미소를 보고 자라듯 하나님의 눈에 비친 내 모습이 참 자아로 하나님 보시기에 인정받는 삶을 교훈합니다.

'너는 내 사랑하는 아들이라 내가 너를 기뻐하노라'는 하나님의 음성으로 내가 존재하는 것만으로도 하나님의 걸작품임을 깨닫게 하시는 하나님을 찬양합니다. 세상 기준이 아닌 하나님의 시각으로 우리를 새롭게 하시는 하나님을 경외합니다.

오늘 새벽 레마의 말씀으로 세상의 없어질 거짓 자아가 아닌 영원한 참 자아인 하나님의 음성을 듣게 하시니 감사합니다. 내 이웃, 내 가족, 내 형제자매를 세상의 기준으로 평가하지 말고 하나님의 시각으로 볼 수 있도록 성령 하나님 함께 하여 주시옵소서.

그가 전파하여 이르되 나보다 능력 많으신 이가 내 뒤에 오시나니
나는 굽혀 그의 신발끈을 풀기도 감당하지 못하겠노라 〈막 1:7〉

24. 오늘 말씀은 마태복음 4:8~11
'광야시험3-내게 절하라'에 관한 말씀입니다

마귀는 예수님을 높은 산으로 유혹하여 내게 절하면 이 세상 부귀와 영화를 모두 주겠다고 시험합니다. 마귀는 보는 곳으로 역사하여 죄의 눈이 밝아지게 하므로 육체의 정욕과 안목의 정욕 이생의 자랑을 버리고 우리의 시선이 하나님을 향하고 하나님 나라를 지향할 때 영적 시력이 밝아지고 하나님이 일하기 시작하심을 교훈합니다.

'No Cross No Crown'(십자가의 고통 없이는 영광이 없다) 레마의 말씀으로 우리를 새롭게 하시는 하나님을 찬양합니다. 영적인 권리는 직분을 내려놓고 온전한 마음으로 교회와 성도를 진정으로 섬기는 결단으로 나아갈 때 참된 복음의 길임을 깨닫게 하시는 하나님을 경외합니다.

준비된 사람 준비된 그릇이 되기 위하여 늘 깨어 기도하며 내가 죽고 하나님이 내 안에 사는 훈련으로 나를 비워 하나님 말씀 가운데 있게 하시옵소서. 오늘 내게 주신 하나님의 비전과 꿈을 품게 하시고 열정으로 실천하게 하시옵소서.

이에 예수께서 말씀하시되 사탄아 물러가라 기록되었으되
주 너의 하나님께 경배하고 다만 그를 섬기라 하였느니라 〈막 4:10〉

25. 오늘 말씀은 누가복음 2:41~52
'주의 전에 있는 아이'에 관한 말씀입니다

예수님이 열두 살 때 유월절 절기를 마치고 집으로 오다가 부모와 헤어져 사흘 후 예루살렘 성전에 있는 예수님을 찾습니다. 우리의 삶을 낙타(I should 자신이 감당할 무거운 짐) 사자(I will 남의 눈치 보지 않고 자유함) 어린 아이(I am 있는 그대로 받아들이고 삶을 그 자체로 즐김) 세 단계로 구분할 때 어린아이와 같은 단계는 유연하고 순수하며 신선한 정신을 가진 삶의 단계입니다. 자녀는 내 소유 내 욕심이 아닌 하나님의 자녀로 온전히 양육되어져야 하고 하나님이 주신 재능을 기다려 주어야 함을 교훈합니다.

자녀들의 가치는 하나님의 절대 가치임을 깨닫게 하시는 하나님을 찬양합니다.

우리의 자녀가 하나님 말씀으로 양육되고 하나님의 자녀로 성장할 수 있도록 하나님의 지혜를 허락하여 주시옵소서. 오늘 레마의 말씀을 통하여 하나님의 지혜는 하늘로부터 내려오는 능력이며 영원한 것임을 알게 하시니 감사합니다. 우리가 늘 하나님 말씀과 지혜 가운데 있게 하시옵소서.

예수는 지혜와 키가 자라가며
하나님과 사람에게 더욱 사랑스러워 가시더라 〈눅 2:52〉

26. 오늘 말씀은 누가복음 3:7~20
'변화된 삶'에 관한 말씀입니다

초대교회 영적 침체기(로마 제국의 분봉왕 헤롯 아킬라스와 빌립 안디바 대제사장 안나스와 가야바의 시대)에 '독사의 자식들'이라고 부르짖으며 세례를 통하여 변화된 삶을 촉구하는 세례 요한의 영적 외침의 교훈입니다.

하나님의 은혜로 진정한 회개 가운데 그에 합당한 열매를 맺게 하셔서 변화된 삶을 살게 하시는 하나님을 찬양합니다.

예배가 익숙하므로 설레임과 기대와 떨림이 없는 영적 쇠퇴를 경계하고 예배를 사모하는 가운데 레마의 말씀을 기대와 떨림으로 세미한 하나님의 음성을 듣고 하나님께 집중함으로 꿀송이보다 단 말씀을 통하여 변화된 삶을 살게 하시옵소서. 하나님을 찬양하고 예배함으로 '내 영혼이 은총 입어' 늘 주 예수와 동행하게 하시옵소서. '다시 복음으로' 주제의 교사양성교육(오후 5시 교회 본당 강사 최새롬 목사님 정래욱 노아선교 단장님)을 통하여 은혜 받게 하시고 그 은혜의 자리에 우리 모두가 꼭 함께 하게 하시옵소서.

요한이 모든 사람에게 대답하여 이르되 나는 물로 너희에게 세례를 베풀거니와 나보다 능력이 많으신 이가 오시나니 나는 그의 신발끈을 풀기도 감당하지 못하겠노라 그는 성령과 불로 너희에게 세례를 베푸실 것이요 〈눅 3:16〉

27. 오늘 말씀은 누가복음 4:1~15
'세 가지 시험'에 관한 말씀입니다

예수께서 성령 충만함으로 광야에서 40일 동안 금식하시고 마귀에게 시험을 받습니다. 1st '돌을 떡으로 만들라'는 유혹에 먼저 '그의 나라와 의를 구하라'는 삶의 우선 순위를 말씀에 두시고 2nd 천하만국을 보여 희생 없이 영광의 길로 유혹하지만 'No Cross No Crown' 영안으로 하나님을 경배하고, 3rd '성전 꼭대기 뛰어 내리라'는 유혹에 '주 너의 하나님을 시험하지 말라'고 하시며 마귀의 시험을 이기심의 교훈입니다.

말씀을 드러내기 위하여 전인격적인 신앙의 본을 보이게 하시는 하나님을 찬양합니다. 내 영혼의 방향성이 세상의 권세와 영광보다 영안을 밝게 하셔서 하나님의 섭리와 경륜을 따르게 하시옵소서. '너는 내 사랑하는 아들이라 내가 너를 기뻐하노라'고 말씀하신 하나님을 전적으로 의지하고 담대히 나가며 내게 주신 사명을 감당하게 하시옵소서.

사랑의 하나님,
'다시 복음 세대'의 주제로 교사양성교육(오후 5시 외부강사)의 은혜의 자리에 청년부 형제자매가 꼭 함께 할 수 있도록 그 마음과 발걸음을 붙잡아 주시옵소서. 내가 원하는 것 한 가지가 없으면 의심하는 믿음을 버리고 광야의 삶, 연약한 삶 속에서도 잠잠히 주의 길을 걸어가는 참 그리스도인으로 살게 하시옵소서.

예수께서 대답하여 이르시되
주 너의 하나님을 시험하지 말라 하였느니라 〈눅 4:12〉

28. 오늘 말씀은 누가복음 4:16~30
'나사렛에서 공생애 사역 선포'에 관한 말씀입니다

예수님이 나사렛 취임 설교에서 성령이 임하시는 가운데 복음의 능력을 선포합니다. 가난한 자에게 복음을, 포로된 자에게 자유를, 눈 먼 자에게 다시 보게 함을 선포하여 절박한 심정으로 예배드리는 자마다 영적 지경을 넓히시고, 눌린 자에게 복음의 능력으로 깨어 일어나게 하시며, 영적으로 눈 먼 자가 새로워짐을 교훈합니다.

'이 글이 오늘 너희 귀에 응하였다'(눅 4:21)고 하신 예수님의 말씀과 예수 이름의 능력으로 우리를 새롭게 하시는 하나님을 찬양합니다.

우리가 늘 복음의 진리 가운데 있게 하시고 하나님 사랑 이웃 사랑을 실천하는 그리스도인의 삶을 살게 하시옵소서. 오늘 주일을 준비하는 마음으로 하나님을 향한 우리의 마음을 온전히 붙들어 주시옵소서. 오늘 '다시 복음 세대'의 주제로 외부강사님(최새롬 목사님과 정래욱 노아선교 단장님)의 말씀에 귀 기울여 귀한 은혜의 시간 그 자리에 우리가 꼭 있게 하시옵소서.

야베스가 이스라엘 하나님께 아뢰어 이르되 주께서 내게 복을 주시려거든 나의 지역을 넓히시고 주의 손으로 나를 도우사 나로 환난을 벗어나 내게 근심이 없게 하옵소서 하였더니 하나님이 그가 구하는 것을 허락하셨더라 <역대상 4:10>

29. 오늘 말씀은 누가복음 5:1~11
'어부들이 예수를 따르다'에 관한 말씀입니다

예수님이 공생애 사역을 시작하며 게네사렛 호수가의 어부 시몬 베드로와 야고보와 요한을 만나십니다. 고기 한 마리도 잡지 못하고 그물을 씻는 시몬에게 '깊은 데로 가서 그물을 던지라'는 말씀에 순종하니 만선의 기쁨을 보게 하십니다. 예수님께서 우리에게 구원을 주시려고 이 땅에 오시고 우리의 생각과 경험을 뛰어 넘어 말씀에 순종할 때 복된 삶을 살게 하심을 교훈합니다.

죄로 인한 인생의 두려움과 허망함 가운데 있던 우리들을 찾아오셔서 만나심으로 우리를 새롭게 하시는 하나님 감사합니다.

내 생각과 경험으로 자신의 힘과 능력으로 할 수 없는 구원을 주시기 위하여 이 땅에 오신 하나님을 찬양합니다. 하나님 말씀에 순종할 때 우리를 위하여 일하기 시작하시고 사람을 낚는 어부가 되게 하시는 하나님을 경외합니다. 우리를 도구로 사용하셔서 하나님이 주신 사명을 잘 감당하게 하심으로 축복의 통로가 되게 하시옵소서.

그들이 배들을 육지에 대고 모든 것을 버려 두고 예수를 따르니라 〈눅 5:11〉

30. 오늘 말씀은 사도행전 16:6~10
'막힘과 멈춤이 카이로스의 시간'에 관한 말씀입니다

사도 바울은 하나님의 복음을 전파하기 위하여 비두니아로 가고자 했으나 열매를 맺지 못하고 환상 중에 마게도냐로 향하여 하나님의 부르심 가운데 사명을 감당함의 교훈입니다.

우리의 삶 가운데 어려움과 막힘과 멈춤의 때에 하나님을 향하여 기도하며 소망과 비전을 준비하는 카이로스의 시간임을 깨닫게 하시는 하나님을 찬양합니다.

삶의 어려움과 막힘 상황 속에서도 하나님이 허락하신 새 날 새해를 하나님께 무릎꿇고 잠잠히 나아갈 때 우리를 위하여 일하시고 계신 하나님을 확신하고 기대하게 하시옵소서.

위로와 소망의 하나님,
우리가 함께 기도하게 하시고 우리를 무릎기도로 인도하신 하나님께 감사드리며 소망의 주님 막힘과 멈춤의 때에 하나님의 뜻을 기다리고 기도하며 소망하게 하시옵소서. 하나님이 허락하지 않으시면 하나님의 뜻이 무엇인지 분별하도록 지혜의 영을 주시옵소서. 의지하여 나아갑니다.

> 바울이 그 환상을 보았을 때 우리가 곧 마게도냐로 떠나기를 힘쓰니
> 이는 하나님이 저 사람들에게 복음을 전하라고
> 우리를 부르신 줄로 인정함이러라 〈행 16:10〉

31. 오늘 말씀은 누가복음 5:27~39
'죄인을 부르심'에 관한 말씀입니다

예수님이 중풍병자를 고치시고 죄사함의 권능을 행하신 후 세리 마태의 하나님을 향한 사모함과 마음의 중심을 보시고 레위(마태의 히브리식 이름)를 불러 제자 삼으시고 결단케 하셔서 예수님을 따르게 하심의 교훈입니다.

죄인의 식탁에서 의인이 함께 하는 것을 금지한 규례를 깨고 죄인을 불러 제자 삼으시고 새롭게 하시는 하나님을 찬양합니다.

우리의 신앙이 내 생각과 내 경험을 내려놓고 하나님을 향하여 집중하여 혁신하는 신앙으로 결단하며 나아가게 하시옵소서. 금식할 때에 내 생각과 마음과 뜻을 집중해서 하나님만을 바라보게 하셔서 영적 에너지가 순적한 믿음이 되게 하시옵소서. 지금이 어떤 때인가, 지금 내가 무엇을 해야 할 것인지 분별하는 영안을 허락하여 주시옵소서.

예수께서 대답하여 이르시되 건강한 자에게는 의사가 쓸 데 없고
병든 자에게라야 쓸 데 있나니 내가 의인을 부르러 온 것이 아니요
죄인을 불러 회개시키러 왔노라 〈눅 5:31~32〉

6장 충성

충성되고 지혜 있는 종이 되어
주인에게 그 집 사람들을 맡아
때를 따라 양식을 나눠 줄 자가 누구냐
<마태복음 24:45>

여호와를
경외하면
장수하느니라
그러나 악인의
수명은 짧아지느니라

잠 10:27

6-1. 오늘 말씀은 누가복음 6:1~11
'신앙의 본질'에 관한 말씀입니다

예수님이 안식일에 밀 이삭을 자르고 손마른 사람을 고치셔서 안식일에 지켜야할 규례를 문제 삼는 바리새인을 향하여 형식과 겉치레보다 한 영혼을 소중히 여기는 하나님의 사랑과 섭리의 본질적인 신앙으로 우리를 통해 일하시는 하나님이 이들을 향한 영적 무지함을 깨닫게 하심의 교훈입니다.

안식일의 주인 되시는 하나님이 시대와 상황에 맞는 규례를 뛰어넘어 신앙의 본질은 하나님의 사랑으로 잃어버린 한 영혼을 찾으시는 하나님을 찬양합니다.

우리의 삶 속에서 형식과 겉치레보다 예수 십자가 사랑으로 우리를 새롭게 하시고 주님이 주신 뜨거운 마음과 열정으로 사명을 감당하게 하시옵소서.

성령 하나님 함께 하셔서 하나님의 뜻 가운데 꿈과 비전을 품는 믿음의 그루터기가 되게 하시옵소서.

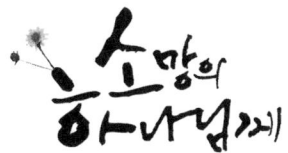

소망의 하나님이 모든 기쁨과 평강을 믿음 안에서 너희에게 충만하게 하사
성령의 능력으로 소망이 넘치게 하시기를 원하노라 <롬 15:13>

2. 오늘 말씀은 누가복음 7:1~10
'바닥짐 같은 믿음'에 관한 말씀입니다

가버나움의 한 백부장의 종이 병들어 죽게 되어 백부장이 예수님께 사람을 보내어 그 종을 구해주시기를 청합니다. 사랑하지 않아도 될 사람을 사랑하고 나보나 못한 가진 것이 없는 자에게 베푸는 겸손한 믿음과 말씀만 하시면 된다는 무조건적인 백부장의 믿음을 보시고 이스라엘에 이만한 믿음이 있는 자가 없다고 기뻐하심을 교훈합니다.

배가 심한 풍랑이나 파도에도 중심을 잡는 바닥짐(균형수 & 모래)이 배 밑바닥을 채워 배가 안전한 항해를 하듯 백부장의 바닥짐 같은 믿음을 칭찬하시는 하나님을 찬양합니다.

우리 모두가 백부장과 같은 겸손한 믿음과 사랑을 품고 무조건적인 믿음으로 십자가의 능력과 예수 이름의 권능을 의지하는 하나님의 사람이 되게 하시옵소서. 우리 모두가 바닥짐과 같은 내면이 하나님과 동행하여 중심이 깊은 믿음으로 축복의 통로가 되게 하시옵소서.

예수께서 들으시고 그를 놀랍게 여겨 돌이키사 따르는 무리에게 이르시되 내가 너희에게 이르노니 이스라엘 중에서도 이만한 믿음은 만나보지 못하였노라 하시더라 〈눅 7:9〉

3. 오늘 말씀은 누가복음 7:11~17 '나인성 과부의 아들 소생 사건'에 관한 말씀입니다

백부장의 믿음을 보고 기뻐하시며 병을 고치신 예수님이 긍휼(스플랑코니조마이)로 나인성 과부의 죽은 아들을 말씀으로 소생시키시는 하나님의 긍휼과 은혜의 능력을 교훈합니다.

우리의 연약함과 부족함을 잘 아시는 하나님이 우리가 아무것도 할 수 없을 때 하나님의 긍휼로 우리를 새롭게 하시며 일하시는 하나님을 찬양합니다.

말씀으로 생명과 기쁨을 주시는 하나님을 향하여 나아가오니 하나님의 긍휼로 우리를 새롭게 하시옵소서. 하나님 말씀을 사모하고 진리의 빛 가운데 있게 하셔서 담대하게 하나님의 복음을 선포함으로 세상을 변화시키는 하나님의 사람이 되게 하시옵소서.

생명의 말씀을 가까이 함으로 하나님을 향한 우리의 사랑이 깊어지게 하시고 은혜 가운데 하나 됨을 지키는 믿음의 그루터기가 되게 하시옵소서.

모든 사람이 두려워하며 하나님께 영광을 돌려 이르되
큰 선지자가 우리 가운데 일어나셨다 하고 또
하나님께서 자기 백성을 돌보셨다 하더라 〈눅 7:16〉

4. 오늘 말씀은 누가복음 8:40~56
'구원을 받을 수 있는 믿음'에 관한 말씀입니다

오늘 본문 말씀은 12살 먹은 회당장 야이로의 딸과 12년 된 혈루병 여인의 구원에 관한 말씀입니다. 죽은 야이로의 딸과 혈루증 여인은 부정한 자로 유대 율법에 의하면 손을 대지도 만지지도 않는 규례가 있지만 예수님의 전적인 사랑과 능력으로 구원받습니다. 다시 말해 열정적인 기대와 소망, 그리고 죄로 인해 버림받은 생명, 곧 우리들이 하나님의 능력을 믿기만 하면 하나님의 뜻 가운데 살리시고 구원받는 은혜의 교훈입니다.

오늘 우리가 죄로 인해 죽을 수밖에 없는 영적 메마름에 있을지라도 하나님의 은혜와 능력을 믿음으로 우리를 구원하시는 하나님을 찬양합니다. 오늘 레마의 말씀으로 죄로 인해 죽을 수밖에 없고 부족하고 연약한 영혼을 구원하시고, '너희 안에서 행하시는 이는 하나님이시니 자기의 기쁘신 뜻을 위하여 너희에게 소원을 두고 행하게 하시나니'(빌립보서 2:13) 하나님이 우리에게 강권적으로 역사하셔서 그리스도의 사랑 안에 거하게 하시므로 구원의 은혜를 베푸시는 하나님을 경외합니다.

우리 모두가 하나님의 전적인 사랑과 은혜로 구원받은 자녀임을 알게 하시고 그 구원의 기쁨을 이 세상에 전하는 축복의 통로가 되게 하시옵소서.

> 예수께서 들으시고 이르시되 두려워하지 말고 믿기만 하라
> 그리하면 딸이 구원을 얻으리라 하시고 〈눅 8:50〉

5. 오늘 말씀은 누가복음 9:37~50
'복음을 마음에 두라'에 관한 말씀입니다

복음은 죄인이 구원받고 천국에 가는 것만이 아니고 이 땅에서 서로 용서하고 받아들이며 회복과 행복을 뜻하는 것으로 하나님의 자녀로 변화시키는 능력을 포함합니다. 우리의 삶 속에서 언제 어디서나 주님이 함께 하시며 복음의 약속을 붙들고 나아갈 때 우리의 인격이 변화되고 선한 영향력으로 교회와 세상을 바꾸는 능력임을 교훈합니다.

'이 말을 너희 귀에 담아 두라 인자가 장차 사람들의 손에 넘겨지리라 하시되'(눅 9:44) 말씀과 같이 예수 그리스도의 복음의 능력을 품게 하시는 하나님을 찬양합니다.

믿음이 없어 귀신을 쫓지 못한 영적인 무지함을 깨고 예수 이름의 능력과 복음의 능력을 마음에 품고 살게 하시옵소서. 오직 말씀과 복음의 능력으로 하나님의 은혜를 체험하고 실천하는 교회 공동체로 거듭나게 하시옵소서.

우리 모두가 복음을 마음에 두고 예수 그리스도 이름의 능력을 믿는 사랑의 공동체가 되게 하시옵소서.

그들에게 이르시되 누구든지 내 이름으로 이런 어린 아이를 영접하면
곧 나를 영접함이요 또 누구든지 나를 영접하면 곧 나를 보내신 이를 영접함이라
너희 모든 사람 중에 가장 작은 그가 큰 자니라 〈눅 9:48〉

6. 오늘 말씀은 누가복음 10:1~16
'70인 제자의 파송'에 관한 말씀입니다

'추수할 것은 많지만 추수할 일꾼이 없다 하시며' 칠십 인을 택하여 둘씩 짝을 지어 각 동네와 지역으로 복음 전파의 사역을 감당하게 하십니다. 복음 전파의 사명을 감당하는 것이 우리에게 주신 하나님의 명령이며 이 사명의 시작은 '일어나 나가야 됨'을 교훈합니다.

세상 가운데 복음의 능력으로 빛의 사자가 되기 위한 루틴을 가지고 '흩어져 전도하라' 명하시는 하나님을 찬양합니다. '모이면 기도하고 흩어지면 전도하라'고 하신 주님의 사명을 감당하는 하나님의 사람이 되게 하시옵소서.

언제 어느 곳에서든지 내가 속한 그 곳이 선교지임을 깨닫게 하시고 한 영혼을 구원하는 전도자의 사명을 감당하게 하시옵소서. 하나님이 기뻐하시는 복음 전파를 감당할 때 치유와 회복의 능력이 나타나고 축복의 통로가 되는 하나님의 은혜와 능력을 체험하게 하시옵소서. 하나님이 우리에게 주신 은혜에 합당한 삶을 살게 하시옵소서.

만일 평안을 받을 사람이 거기 있으면 너희의 평안이 그에게 머물 것이요 그렇지 않으면 너희에게로 돌아오리라 〈눅 10:6〉

7. 오늘 말씀은 누가복음 11:1~13
'주기도'에 관한 말씀입니다

예수님이 제자들에게 기도에 관하여 가르치시며 영적 비전과 사명을 선포하십니다. 성령과 말씀 안에서 기도하고 우리 아버지의 이름(부름받은 성도들의 아버지), 공동체의 아버지를 위하여 기도하라 하십니다. 하늘에 계신 아버지의 이름이 거룩(카도시)히 여김 받으시고 전지 전능하시고 초월하신 (구별된) 거룩한 하나님의 영광을 위하여 살겠다는 소망과 사명 선언을 교훈합니다.

먼저 그의 나라와 의를 위하여 기도하면 매일의 필요를 채워주시는 하나님을 찬양합니다. 우리의 간구를 들으시고 좋은 것(성령)으로 응답하시는 하나님을 경외합니다.

하나님이 우리와 함께 하심으로 우리를 시험(세상 유혹 temptation)에서 이기게 하시고 우리를 새롭게 하시옵소서.

여호와는 나의 목자시니 내게 부족함이 없으리로다 그가 나를 푸른 풀밭에 누이시며
쉴 만한 물가로 인도하시는도다 <시편 23:1~2>

8. 오늘 말씀은 누가복음 11:14~28
'성령 훼방죄'에 관한 말씀입니다

하나님을 믿는 자가 마음이 강팍해져 내 고집과 아집으로 하나님의 권능에 고의적이고 지속적으로 대적하여 성령을 훼방하면 용서받지 못합니다. 성령의 능력으로 귀신을 쫓아내면 하나님의 나라가 임한 것이고 성령의 지혜와 도우심과 인도하심으로 영적인 분별력을 가지고 성령 충만한 삶을 살 것을 교훈합니다.

우리가 성령에 속한 자로 주님의 음성과 말씀에 복종하는 삶을 살게 하시는 하나님을 찬양합니다. 성령 하나님의 도우심으로 늘 하나님의 음성과 말씀이 다스리는 삶을 살게 하시옵소서.

교회 수련회와 성경학교를 통하여 성령에 사로잡혀 영적 추수의 열매를 맺게 하셔서 축복의 통로가 되게 하시옵소서.

예수께서 이르시되 오히려 하나님의 말씀을 듣고
지키는 자가 복이 있느니라 하시니라 〈눅 11:28〉

9. 오늘 말씀은 누가복음 11:29~36 '악한 세대가 표적을 구하나'에 관한 말씀입니다

예수님은 요나가 니느웨 사람들에게 표적을 보인 것 같이 이 세대에도 그러하다고 하시며 보고 듣고도 믿지 않는 세대를 책망하십니다. 요나의 표적과 솔로몬의 지혜보다 크신 하나님의 아들 예수님이 어두운 세상의 인류를 구원하기 위하여 이 땅에 빛으로 오신 예수 그리스도의 사랑을 교훈합니다.

눈은 몸의 등불로 생명의 참 빛으로 이 땅에 오신 살아계신 예수님을 찬양합니다. 죄인을 구원하시는 깊은 관계로 우리를 초청하시는 하나님의 긍휼과 빛 되신 예수 그리스도의 사랑을 깨닫게 하시니 감사합니다.

날마다 숨 쉬는 순간마다 우리를 지키시고 품으시는 주님의 사랑 안에 우리의 믿음이 머물게 하시옵소서. 성령의 능력으로 진리의 빛 되신 예수 그리스도와 동행하는 삶으로 우리를 인도하여 주시옵소서.

누구든지 등불을 켜서 움 속에나 말 아래에 두지 아니하고 등경 위에 두나니 이는 들어가는 자로 그 빛을 보게 하려 함이라 〈눅 11:33〉

10. 오늘 말씀은 누가복음 12:1~12
'핍박 앞에서'에 관한 말씀입니다

사람들을 의식하고 하나님을 두려워하지 않는 바리새인들의 외식이 가식적인 누룩(이중성)과 같음을 주의하고 경계하라 하십니다. 하나님 앞에서 감추인 것이 드러나지 않을 것이 없고 숨긴 것이 알려지지 않을 것 없는 것을 교훈합니다.

하나님 안에서 우리를 위한 계획과 비전이 있음을 깨닫게 하시는 하나님을 찬양합니다. 하나님의 역사를 알면서 자기부인의 삶을 살지 못하는 허탄한 삶을 살지 않도록 우리를 경책하시는 하나님을 경외합니다.

사람들 앞에서, 눈앞에 보이는 것보다 코람 데오 하나님을 두려워하는 삶을 살게 하시옵소서.

마땅히 할 말을 성령이 곧 그 때에 너희에게 가르치시리라 하시니라 〈눅 12:12〉

11. 오늘 말씀은 누가복음 12:22~34
'염려인가 하나님인가'에 관한 말씀입니다

예수님은 제자들에게 목숨과 몸을 위하여 염려하지 말라고 말씀하십니다. 염려(메림나오 : 나누어지다 분열되다)는 마음과 믿음이나 생각이 나누어지는 것으로 하나님을 믿고 의지하는 그리스도인은 하나님의 은혜와 소망을 잊고 세상의 관점과 욕망으로 근심하므로 영혼을 병들게 하는 염려를 하지 말 것을 교훈합니다.

세상의 염려를 하지 않고 하나님의 일인 하나님 나라와 생명과 영생을 얻는 진리와 복음을 깨닫게 하시는 하나님을 찬양합니다. 하나님 안에서 믿음의 눈으로 바라보는 올바른 시각으로 내 존재와 가치를 알게 하시는 창조주 하나님을 경외합니다.

하나님의 계획 가운데 나의 노력과 수고로 묵묵히 주의 일을 감당하며 염려하지 않는 그리스도인의 삶을 살게 하시옵소서.

다만 너희는 그의 나라를 구하라 그리하면 이런 것들을 너희에게 더하시리라
〈눅 12:31〉

12. 오늘 말씀은 누가복음 12:35~48
'종말 의식으로 깨어 준비하라'에 관한 말씀입니다

예수님은 제자들에게 다시 오실 예수님을 위하여 종말 의식으로 깨어 준비하라고 말씀하십니다. 주인이 잠든 시간에 오더라도 깨어서 주인을 기다리는 종이 되고 예수님이 도적같이 올 때를 대비하고 진실한 청지기(오이코노모스 : 남의 것을 대신 맡아 지키고 관리하는 사람)가 되어 주인의 뜻에 따라 양식을 나눠주는 것 같이 하나님의 뜻에 따라 일하고 때를 따라 영의 양식을 공급하는 청지기의 삶을 살 것을 교훈합니다.

하나님의 뜻에 따라 말씀을 묵상하며 때를 따라 영의 양식을 공급하는 자에게 지경을 넓히시는 하나님을 찬양합니다.

늘 마라나타의 자세로 때를 따라 영의 양식을 나누어 주는 진실한 청지기의 삶을 허락하여 주시옵소서.

허리에 띠를 띠고 등불을 켜고 서 있으라〈눅 12:35〉

13. 오늘 말씀은 누가복음 12:49~59
'참된 화평의 주인'에 관한 말씀입니다

예수님은 성령의 불이 우리를 깨우는 힘으로 성령의 세례(밥티조마이 : 고난을 받다 수난을 당하다의 뜻을 함유)를 받아 영적으로 깨어 있으라고 말씀하십니다. 십자가의 고난을 받으시고 부활 승천하신 복음의 진리를 믿는 자와 믿지 않는 자가 나누어지고 아비와 아들이 분쟁하므로 성령의 세례로 회개케 하시고 우리를 새롭게 하시는 하나님을 교훈합니다.

십자가 사랑으로 우리를 자녀 삼으시고 거짓 세상을 이기는 영적 분별력을 주시는 성령 하나님을 찬양합니다.

참된 평화의 주인이신 하나님이 항상 우리와 함께 하심으로 하나님 자녀의 정체성과 영적인 분별력이 드러나게 하시옵소서.

외식하는 자여 너희가 천지의 기상은 분간할 줄 알면서
어찌 이 시대는 분간하지 못하느냐 〈눅 12:56〉

14. 오늘 말씀은 누가복음 13:1~9
'회개의 골든타임'에 관한 말씀입니다

예수님은 빌라도의 험악한 통치(성전에서 제사 지낼 때 죽임)로 죽임 당하고 실로암 망대가 무너져 죽은 사람이 죄가 너희보다 많아서가 아니고 너희도 지금 회개하지 않으면 이와 같이 망한다고 말씀하십니다.

기회가 왔을 때 돌이켜 회개하여 용서를 구하라고 말씀하시며 그 때가 지금임을 선포하시는 예수님을 찬양합니다. 죄의 속성은 달콤하여 우리를 잘못된 방향으로 빠져 들게 하고 유혹하므로 회개의 골든타임이 지금이라는 것을 깨닫게 하시는 하나님을 경외합니다.

구름이 서쪽에서 이는 것을 보면 소나기가 오리라 하고 남풍이 불면 더우리라 하는 것처럼 이 시대를 분간하여 회개하며 용서를 구하게 하시니 감사합니다.

세상을 선도하는 기업이 빅데이터를 구축하여 변화에 대응하는 것 같이 이 세태와 시대를 구분하여 하나님의 긍휼 앞에 자백하고 회개하여 용서와 사랑을 구하게 하시옵소서.

> 너희에게 이르노니 아니라 너희도 만일 회개하지 아니하면
> 다 이와 같이 망하리라〈눅 13:3〉

15. 오늘 말씀은 누가복음 13:6~21
'복음과 율법-과원지기'에 관한 말씀입니다

포도나무 밭의 무화가 나무가 3년이 지나도 열매가 없다면 찍어버리라는 주인의 말에 과원지기는 금년에 두루 파고 거름을 주어 살려 보겠다고 합니다.

율법주의는 정죄하고 비난하지만 복음은 긍휼한 마음과 영혼을 사랑하는 마음으로 생명을 살리고 기다리며 인내하는 과원지기의 마음과 사랑을 교훈합니다.

내 의를 드러내는 율법주의보다 내가 썩어서 상대를 변화시키는 겨자씨와 누룩과 같은 복음을 깨닫게 하시는 하나님을 잔양합니다.

나를 먼저 돌아보게 하시고 회개함으로 겨자씨와 누룩과 같이 세상을 변화시키는 복음 정신을 닮게 하시옵소서.

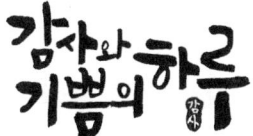

항상 기뻐하라 쉬지 말고 기도하라 범사에 감사하라
이것이 그리스도 예수 안에서 너희를 향하신 하나님의 뜻이니라 <데전 5:16~18>

16. 오늘 말씀은 누가복음 14:25~35
'제자가 되는 길'에 관한 말씀입니다

예수님은 망대와 전쟁의 비유를 들어 자기가 가진 모든 것을 다 버리지 아니하면 제자가 될 수 없다고 하십니다. 형제와 부모와 자신의 목숨보다 더 하나님을 사랑하지 않으면 제자가 될 수 없고 십자가 고난과 자기를 부인하지 않고는 주님을 따를 수 없고 자기를 비워 하나님 말씀에 순종해야 함을 교훈합니다.

자신의 계산적인 생각으로 주님을 따르는 목표가 될 수 없고 오직 십자가 고난과 자기 부인만이 제자의 길임을 깨우치게 하시는 하나님을 찬양합니다.

하나님 말씀에 순종하여 세상에 소금과 같은 선한 영향력을 주는 하나님의 사람이 되게 하시옵소서.

누구든지 자기 십자가를 지고 나를 따르지 않는 자도
능히 내 제자가 되지 못하리라〈눅 14:27〉

17. 오늘 말씀은 누가복음 17:20~27
'하나님 나라는 너희 안에 있다'에 관한 말씀입니다

바리새인들이 어느 때에 하나님 나라가 임하나이까 라고 묻자 이미 너희 안에 있다고 하시며 종말의 날 재림의 날 심판의 날을 예고합니다. 어떤 태도로 살 것인가에 대해 오늘 내가 주님을 붙잡고 세상의 것을 내려놓고 주님 오실 날을 기다리며 구원의 방주인 복음의 믿음을 가지고 깨어 기도하며 나아가는 성도의 결단을 교훈합니다.

세상의 욕망보다 종말과 재림의 때에 부활 신앙으로 구원의 날을 소망하게 하시는 하나님을 찬양합니다. 부활의 소망과 말씀에 순종하여 언약의 하나님과의 깊은 만남을 허락하셔서 심판의 때를 준비하게 하시는 하나님을 경외합니다.

오늘 레마의 말씀을 통하여 주검이 있는 곳에 독수리가 모임 같이 주님 오실 날을 기다리며 깨어 기도하게 하시옵소서.

또 여기 있다 저기 있다고도 못하리니
하나님의 나라는 너희 안에 있느니라〈눅 17:21〉

18. 오늘 말씀은 누가복음 18:1~8
'반드시 응답하시는 하나님'에 관한 말씀입니다

재판장을 번거롭게 탄원하는 과부의 끈질긴 요청을 재판장이 들어 준 것 같이 하물며 하나님이 택한 자녀의 기도를 반드시 응답하시는 하나님의 신실하심을 교훈합니다.

내 힘으로 할 수 없는 것부터 사소한 것 하나까지 하나님을 앙망하며 기도할 때 반드시 응답하시는 하나님을 찬양합니다.

예수님 공로 의지하여 은혜와 복음의 확신을 가지고 항상 기도하게 하시옵소서. 기도하기 전 자신을 돌아보아 모든 죄를 자백하고 회개하여 깨끗한 마음으로 말씀에 대한 확신을 가지고 기도하게 하시옵소서.

내 뜻이 아닌 하나님의 뜻 가운데 기도하며 끈기 있게 인내하며 기다려 신실하신 하나님의 응답을 붙잡게 하시옵소서.

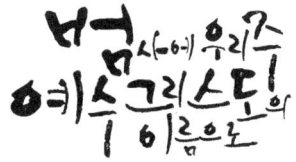

범사에 우리 주 예수 그리스도의 이름으로 항상 아버지 하나님께 감사하며 <엡 5:20>

19. 오늘 말씀은 누가복음 18:9~17 '뒤집지 않은 전병'에 관한 말씀입니다

예수님은 바리새인과 같이 금식하고 십일조하며 나팔 불며 선행하여 사람들의 눈을 의식하는 외식주의자가 되지 말고 세리와 같이 하나님께 엎드려 '나는 죄인입니다 나를 불쌍히 여기소서'라고 회개하는 자가 되라고 하십니다. 뒤집지 않은 전병(호세아 7:8)과 같이 뒤집지 않아 한 쪽은 타고 한 쪽은 설익은 밀가루가 되면 못 먹고 버리므로 하나님을 섬기면서 나를 드러내는 외식주의자가 되지 말 것을 교훈합니다.

잘 구워진 전병과 같이 하나님만 섬기며 영과 육이 잘 뒤집어져 우리의 삶과 신앙이 온전케 하시는 하나님을 찬양합니다.

의의 기준을 내가 판단하는 사람이 되지 말고 하나님의 긍휼과 자비를 구하면서 날마다 나의 연약함을 회개하며 자복하는 하나님의 사람이 되게 하시옵소서. 우리의 신앙이 아직 뒤집지 않은 전병이 아닌지 돌아보게 하시며 '하나님이여 나를 불쌍히 여기소서' 통회하며 고백하오니 예수 보혈의 피로 깨끗이 씻어 주시옵소서.

내가 진실로 너희에게 이르노니 누구든지 하나님의 나라를 어린 아이와 같이 받아들이지 않는 자는 결단코 거기 들어가지 못하리라 하시니라〈눅 18:17〉

20. 오늘 말씀은 누가복음 18:18~30
'부자 관원'에 관한 말씀입니다

부와 사회적 지위를 가진 청년이 예수님께 무엇을 해야 영생을 얻을 수 있나 묻습니다. 청년은 율법을 준수하고 선한 일을 행하였으나 자신의 모든 재산을 가난한 자에게 나누어 주고 예수님을 따르라고 하자 심히 근심하였습니다. 구원은 인간의 행위가 아닌 하나님의 전적인 주권으로 하나님의 손에 달려있음을 교훈합니다.

하나님 나라를 위하여 희생하는 사람을 구원하시고 은총을 주시는 하나님을 찬양합니다. 내가 가진 작은 것을 드릴 때 더 좋고 큰 선물로 응답하시는 하나님을 경외합니다.

내가 가진 재물과 시간, 재능, 관계를 포기하고 하나님 나라를 위하여 헌신하게 하시옵소서. 고난과 역경 가운데에도 하나님을 향한 우리의 사랑이 깊어지게 하시고 예배와 말씀을 사모하게 하셔서 은혜 가운데 하나 됨을 지키는 사랑의 공동체가 되게 하시옵소서.

예수께서 이 말을 들으시고 이르시되 네게 아직도 한 가지 부족한 것이 있으니 네게 있는 것을 다 팔아 가난한 자들에게 나눠 주라 그리하면 하늘에서 네게 보화가 있으리라 그리고 와서 나를 따르라 하시니 〈눅 18:22〉

21. 오늘 말씀은 누가복음 18:31~43
'소경 바디메오의 믿음'에 관한 말씀입니다

예수님이 여리고를 지날 때 소경 바디메오가 예수님을 향하여 소리 질러 '다윗의 자손 예수여 나를 불쌍히 여기소서' 절박한 심정으로 예수가 메시야임과 나를 고칠 수 있다는 확신으로 반복하여 외침으로 예수님이 '네 믿음이 너를 구원하였느니라'고 하시자 곧 보게 되고 하나님께 영광을 돌리는 역사가 나타남의 교훈입니다.

부르짖는 자에게 응답하시고 우리가 알지 못하는 크고 놀라운 일을 보이시는 하나님을 찬양합니다.

하나님의 아들 예수여 나를 불쌍히 여기소서!
많은 것들이 주님께 나아가는 나를 방해할 때, 주님의 음성이 들리지 않고 확신이 없을 때, 마귀와 어둠의 역사가 느껴질 때 예수 권능의 이름을 부르짖게 하시옵소서. 절박한 나의 믿음으로 우리가 할 수 없는 한계에 부딪힐 때 하나님이 일하시고 우리를 새롭게 하심을 감사드립니다.

전능하신 하나님을 신뢰하므로 믿음의 눈으로 우리의 기대 수준을 높여 마음껏 부르짖어 간구하게 하시옵소서.

네게 무엇을 하여 주기를 원하느냐 이르되 주여 보기를 원하나이다 〈눅 18:41〉

22. 오늘 말씀은 누가복음 19:28~40
'왕이신 주님을 붙들라'에 관한 말씀입니다

예수님이 유대 절기인 유월절에 예루살렘을 향해 가실 때 구약(스가랴 9:9)의 말씀을 성취하시는 나귀새끼를 타시고 입성하십니다. 자신의 옷을 벗어 왕이신 예수님께 충성함과 종려나무를 흔들며 승리의 메시야가 오심을 환영하며 호산나라고 외치며 찬송함으로 우리를 구원하시는 메시야가 예수님이심을 교훈합니다.

백성들의 바램인 로마로부터 해방과 나라가 부강하여 다윗왕과 같은 왕이 다시 오는 정치적 메시야가 아닌 택하신 백성의 영혼 구원의 영적 메시야로 오신 하나님을 찬양합니다. 진정한 자유는 세상의 경제적 자유와 독립이 아닌 내 영혼의 구원인 영원한 생명의 그리스도로 옷 입어 영적 자유를 얻는 것임을 알게 하시니 감사합니다.

오늘 레마의 말씀으로 우리를 위하여 고난 받으시고 십자가에 죽으신 예수 그리스도를 묵상하게 하신 하나님께 감사와 영광을 드립니다. 오늘 우리가 부족하고 연약하여 결함 있는 삶이 영적 구원을 받은 복음의 능력으로 성령 충만한 삶의 기회가 되게 하시는 하나님을 경외합니다.
임마누엘 하나님. 삶의 역경과 환난 가운데에도 분노와 증오에 굴복하지 않는 참 그리스도인으로 살 수 있도록 하나님이 늘 우리와 동행하는 삶으로 우리를 선인도하여 주시옵소서.

이르되 찬송하리로다 주의 이름으로 오시는 왕이여
하늘에는 평화요 가장 높은 곳에는 영광이로다 하니〈눅 19:38〉

23. 오늘 말씀은 누가복음 19:41~48
'성전 정화'에 관한 말씀입니다

예수님이 예루살렘 성전에 입성하여 이방인의 뜰이 장사꾼들의 소굴이 된 것을 개탄하시며 훼파하십니다. 성전은 만민이 기도하는 곳으로 아름답고 흠 없는 재물을 드려 마음과 정성과 수고와 헌신으로 예배하는 곳임을 교훈합니다.

경건의 능력은 없고 모양만 남은 외식주의자를 경계하고 하나님의 사람은 삶이 곧 예배가 되어야 함을 깨닫게 하시는 하나님을 찬양합니다.

주일 성수 전 몸과 마음을 닦고 말씀과 찬양을 미리 준비하는 참 그리스도인이 되게 하시옵소서. 하루의 첫 시간에 기도의 자리를 지킴으로 삶 가운데 구별하여 기뻐 감사함으로 예배드리는 하나님의 사람이 되게 하시옵소서. 하나님을 경외하는 믿음 가운데 세상 유혹을 이기게 하시고 하나님을 향한 우리의 사랑이 더욱 깊어지게 하시옵소서. 섬김과 나눔을 실천하게 하시고 열방을 향한 더 큰 비전을 품고 선교와 전도에 힘쓰는 사랑의 공동체가 되게 하시옵소서.

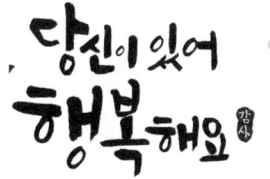

복 있는 사람은 악인들의 꾀를 따르지 아니하며 죄인들의 길에 서지 아니하며 오만한 자들의 자리에 앉지 아니하고 오직 여호와의 율법을 즐거워하여 그의 율법을 주야로 묵상하는도다 <시편 1:1~2>

24. 오늘 말씀은 누가복음 20:1~8
'예수님의 권위'에 관한 말씀입니다

예수님은 마지막 죽음을 앞두고 성전에서 가르치시고 복음을 전하셨습니다. 산헤드린(공인된 직책으로 가르침)도 아니면서 서기관과 장로들이 무슨 권위로 가르치는지 물을 때 이들에게 요한의 세례가 하늘로부터인지 사람에게서인지 되물어 문제의 상황에 대하여 본질을 꿰뚫어 보는 하나님의 지혜가 나타남의 교훈입니다.

소신과 진리는 없고 기득권을 위하여 처세에 치중하는 기회주의자가 되지 말고 손해를 보더라도 진리가 확실하면 좌고우면하지 않고 나아가게 하시는 하나님을 찬양합니다.

결정적일 때 하나님의 뜻을 따르게 하는 분별력을 주시옵소서. 자신의 결정이 가져오는 결과에 연연하여 올바른 태도와 공의를 포기하지 않게 하시옵소서. 공의와 지혜의 하나님이 함께 하셔서 진리와 본질을 꿰뚫는 지혜와 통찰력을 주시옵소서. 하나님을 경외하고 백성을 주인으로 섬기는 지도자가 선출되어 나라와 민족을 위하여 헌신 봉사하는 위정자로 세워주시옵소서.

예수께서 이르시되 나도 무슨 권위로 이런 일을 하는지
너희에게 이르지 아니하리라 하시니라 〈눅 20:8〉

25. 오늘 말씀은 누가복음 20:27~40
'부활 논쟁'에 관한 말씀입니다

부활이 없다고 주장하는 사두개인들이 자신들의 기득권을 지키려고 비현실적인 예를 가상(칠 형제가 차례로 죽어 형의 아내를 취한 자들이 죽어 부활하면 누구의 아내로 부활하는가)하여 예수님과 논쟁합니다. 예수님은 '하나님은 죽은 자의 하나님이 아니고 산 자의 하나님이며' 천국은 장가와 시집을 가지 않는 거룩한 영적 질서의 나라임을 교훈합니다.

부활(헬라어 아나스타시스 : 하나님이 함께 하는 믿음)은 세상의 관점이 아닌 말씀대로 행하고 하나님 안에 거하는 것으로 거룩한 영적 질서의 하나님을 찬양합니다.

'우리가 흙에 속한 자의 형상을 입은 것 같이 또한 하늘에 속한 이의 형상을 입으리라'(고전 15:49) 한 말씀과 같이 부활 신앙으로 소망 있는 하나님의 사람이 되게 하시옵소서. 이 세상의 관계가 아니라 하나님 나라의 질서가 있음을 알게 하신 하나님을 경외합니다. 영과 진리의 하나님을 믿는 복음의 능력으로 우리의 산 소망이요 부활의 첫 열매이신 예수님을 증거하는 삶을 살게 하시옵소서. '죽은 자의 부활도 그와 같으니 썩을 것으로 심고 썩지 아니할 것으로 다시 살아나며'(고전 15:42)말씀으로 임마누엘 하나님이 우리를 붙들어 주시옵소서.

> 하나님은 죽은 자의 하나님이 아니요 살아 있는 자의 하나님이시라
> 하나님에게는 모든 사람이 살았느니라 하시니〈눅 20:38〉

26. 오늘 말씀은 마태복음 5:13~16
'세상의 소금과 빛'에 관한 말씀입니다

예수님이 산상수훈의 말씀을 선포하며 너희는 세상의 소금과 빛이 되라고 교훈하십니다.

소금으로 음식의 맛을 내고 부패를 막고, 빛으로 산 위에서 세상을 비추어 어둠을 밝혀 길을 잃지 않게 하는 역할을 감당하게 하시는 하나님을 찬양합니다.

주님 내 속에 소금의 성질을 주시옵소서. 소금이 있어야만 내 속에서 올라오는 죄의 충동을 막을 수 있습니다. 뜨겁지도 차갑지도 않은 미지근한 믿음을 가진 라오디게아 교인들처럼 살지 않게 하시옵소서. 그리스도인의 소금과 빛의 역할을 감당함으로 내게서 미움, 질투, 시기, 분노가 끊어지고 사랑, 나눔, 겸손, 화평이 가득하게 하시옵소서. 하늘의 빛이 내게 비추시어 나를 태워 세상의 어둠을 밝히는 촛불과 같은 빛이 되는 삶을 살게 하시옵소서.

이같이 너희 빛이 사람 앞에 비치게 하여 그들로 너희 착한 행실을 보고
하늘에 계신 너희 아버지께 영광을 돌리게 하라〈마 5:16〉

27. 오늘 말씀은 마태복음 7:15~20 '좋은 나무, 좋은 열매'에 관한 말씀입니다

예수님은 우리의 속 사람이 어떠하냐에 따라 하나님 나라에 들어갈 수 있다고 하시며 하나님이 주인 된 삶을 살았는지 영적으로 자신을 돌아보기를 교훈하십니다.

하나님과 나와의 관계가 영적으로 야다(히브리어 한 이불을 덮고 자는 부부의 깊은 관계)인 관계를 원하시는 하나님을 찬양합니다.

'....내가 그 안에 그가 내 안에 거하면...'(요 15:5) '...나의 사랑 안에 거하라'(요 15:9)고 말씀처럼 좋은 나무가 되어 많은 열매를 맺게 하시옵소서. 세상에서의 신앙생활이 녹녹치 않지만 거룩한 부담으로 희생하며 하나님 나라를 향한 소망과 기쁨을 갖게 하시옵소서.

야베스가 이스라엘 하나님께 아뢰어 이르되 주께서 내게 복을 주시려거든 나의 지역을 넓히시고
주의 손으로 나를 도우사 나로 환난을 벗어나 내게 근심이 없게 하옵소서 하였더니
하나님이 그가 구하는 것을 허락하셨더라 <역대상 4:10>

28. 오늘 말씀은 마태복음 7:24~27
'모래 위의 집 vs 반석 위의 집'에 관한 말씀입니다

예수님은 산상설교 마지막 부분에서 비가 오고 창수가 내리고 바람이 불어도 흔들리지 않는 견고한 반석 위의 믿음으로 집을 지어야 함을 교훈합니다.

우리의 신앙이 말씀을 듣고 행하여 견고하고 영원한 터인 예수 그리스도로부터 기초함을 깨닫게 하시는 하나님을 찬양합니다.

말씀을 지켜 행하는 신앙으로 우리가 삶 속에서 온 몸으로 실천하고 적용하게 하시옵소서. 청년의 때에 고난과 역경을 참고 인내하여 연단함으로 소망 가운데 도전받고 가치가 정립되는 행함이 있는 믿음으로 잠잠히 나아가게 하시옵소서. '말씀이 여러분을 능히 든든하게 세우사 거룩하게 하심을 입은 모든 자 가운데 기업이 있게 하시리라'(행 20:32)는 말씀과 같이 우리를 지키시고 보호하시는 하나님이 함께 하심으로 승리하는 삶을 살게 하시옵소서.

그러므로 누구든지 나의 이 말을 듣고 행하는 자는
그 집을 반석 위에 지은 지혜로운 사람 같으리니〈마 7:24〉

29. 오늘 말씀은 마태복음 13:18~23
'씨뿌리는 자의 비유- 마음 밭을 가꾸는 것이 은혜'에 관한 말씀입니다

농부가 씨를 뿌려 열매를 거두기까지 길가밭, 돌짝밭, 가시밭, 옥토밭에 뿌려진 씨앗이 밭을 갈아엎어 기경되어져야 많은 열매를 거둘 수 있음을 교훈합니다.

완고하고 딱딱하며 고집과 교만한 우리를 생명의 말씀으로 기경하여 열매를 맺게 하시는 하나님을 찬양합니다 .

세상의 염려와 재물로 하늘을 볼 수 없는 꿩의 모자를 벗게 하시는 생명의 말씀에 집중하여 열매 맺는 선한 청지기의 사명을 감당하게 하시옵소서. 오늘 레마의 말씀을 통하여 우리의 마음이 기경되어지게 하시옵소서. 구별 없이 뿌려지는 생명의 말씀 의지하여 하나님이 주시는 헤세드로 백 배의 결실을 맺는 그리스도인으로 살게 하시옵소서. 성령 하나님 안에서 함께 기도함으로 갈급한 우리의 심령을 새롭게 하시고 변화와 부흥의 마중물이 되게 하시옵소서.

> 좋은 땅에 뿌려졌다는 것은 말씀을 듣고 깨닫는 자니 결실하여 어떤 것은 백 배, 어떤 것은 육십 배, 어떤 것은 삼십 배가 되느니라 하시더라〈마 13:23〉

30. 오늘 말씀은 마태복음 11:15~19
'장터의 아이들'에 관한 말씀입니다

예수님이 이 세대를 공감을 잃어버린 세대(영적 감각이 무너진 회색시대)와 이중 잣대(요한의 금식과 예수님이 세리와 죄인들과 함께 먹고 마심)로 자기중심성으로 기준이 변하는 세대를 경책하시며 장터의 아이들처럼 피리 불 때 서로 같이 춤추며 슬퍼하는 영적 공감 능력을 회복해야 함을 교훈합니다.

하나님 나라는 성령 안에서 영적 공감 능력이 회복되는 사람이 함께 함을 깨닫게 하시는 하나님을 찬양합니다.

하나님 안에서 정직함으로 가난하고 병들고 소외된 이들에게 나를 내어주고 십자가의 정신으로 생명을 살리는 하나님의 사람이 되게 하시옵소서. 사순절 기간 우리의 눈과 귀를 열어 말씀에 집중하게 하셔서 우리를 새롭게 하시고 변화되게 하시옵소서.

좁은 문으로 들어가기를 힘쓰라 내가 너희에게 이르노니
들어가기를 구하여도 못하는 자가 많으리라 〈눅 13:24〉

권오성의 글을 論 한다

자신의 느낌과 생각을
글로 표현한다는 것은 쉬운 일이 아닙니다.
그러나 권오성 님의 글 한 자 한 자에는
자신의 느낌과 생각이
아주 솔직하고 진지하게 표현되어 있습니다.

그리고 곁에서 지켜보는 권오성 님은
모든 일에 치밀하고 빈틈이 없는 사람인데
이 책을 한 장 한 장 넘기며
그가 얼마나 뜨겁게 살아가고 있는지
새로이 알게 되었습니다.

이 책은 우리 모두를 즐겁게 해주는
참으로 아름다운 책입니다.
앞으로 그의 삶의 발자취를
기대를 가지고 지켜봐야 할 것 같습니다.

박찬종
법무법인 한우리 대표 변호사 / 前 국회의원(5선)

큰 트럭 흙에서
쌀알금 몇 찾은 것 같은 좋은 책입니다.
간략하면서도 쓸 말 다 쓰셨죠.

김기완
양평동교회 집사

세리장 삭개오나 다메섹 도상에서의
사울 못지않은 일생 일대 최대의 기적이
권오성 형에게도 찾아온 것 같습니다.
주님만이 하실 수 있는
놀랍고 반가운 사건인 듯 싶습니다.

앞으로도 언제까지나 하루하루 깨어 기도하며
주님과 함께 하는 삶이 되시길...
그리고 그 길에서 항상 주변을 돌아보며
사랑하는 삶이 되시길 기도드립니다.

김혜원
전 창원대교수 / 현 동국대 영상문화콘텐츠연구원 전임연구원 /
중앙대 외래교수

보이지 않는 것을 보는 것이 진정 보는 것이고,
들리지 않는 것을 듣는 것이 진정 듣는 것이죠.
見性悟道한 참 기쁨의 노래가
아름다운 詩語로 열매 맺음을
주님의 이름으로 축복드립니다

龍潭 이려성
중앙대학교 체육과학대학 강사 / 검도 7단(교사) /
검도교실 경당 관장 / 한국사회인검도연맹 홍보이사 /
서울시검도회 전무이사

말씀으로 빛나는 오늘- 365 새벽기도 묵상, 날마다 QT하는 장로

인쇄일 : 2023. 11. 30
발행일 : 2023. 12. 1
지은이 : 권오성
발행인 : 이종수
펴낸 곳 : 도서출판 예문선
기획/디자인/편집 : 한빛기획
등록번호 : 제 315-2013-000014호
출판 등록 : 2013. 2. 26
주소 : 서울시 영등포구 선유로 277-16 401호
전화 : 010-3713-2099
이메일 : i1004u1004@hanmail.net

값 10,000원
ISBN 979-11-982604-1-3